O socialismo humanista

Dados Internacionais de Catalogação na Publicação (CIP)
(Câmara Brasileira do Livro, SP, Brasil)

Guevara, Ernesto Che, 1928-1967
O socialismo humanista / Che Guevara ;
tradução e introdução de Emir Sader. – Petrópolis, RJ :
Vozes, 2020. (Coleção Vozes de Bolso)

Título original: Vários textos
Bibliografia.
ISBN 978-65-5713-074-2

1. Guevara, Ernesto, 1928-1967 2. Socialismo
I. Sader, Emir. II. Título. III. Série.

20-36750   CDD-320.531

Índices para catálogo sistemático:
1. Socialismo : Ciência política   320.531

Cibele Maria Dias – Bibliotecária – CRB-8/9427

Che Guevara

O socialismo humanista

Tradução e introdução de Emir Sader

Vozes de Bolso

© desta tradução:
1989, 2020, Editora Vozes Ltda.
Rua Frei Luís, 100
25689-900 Petrópolis, RJ
www.vozes.com.br
Brasil

Todos os direitos reservados. Nenhuma parte desta obra poderá ser reproduzida ou transmitida por qualquer forma e/ou quaisquer meios (eletrônico ou mecânico, incluindo fotocópia e gravação) ou arquivada em qualquer sistema ou banco de dados sem permissão escrita da editora.

CONSELHO EDITORIAL

Diretor
Gilberto Gonçalves Garcia

Editores
Aline dos Santos Carneiro
Edrian Josué Pasini
Marilac Loraine Oleniki
Welder Lancieri Marchini

Conselheiros
Francisco Morás
Ludovico Garmus
Teobaldo Heidemann
Volney J. Berkenbrock

Secretário executivo
João Batista Kreuch

Editoração: Fernando Sergio Olivetti da Rocha
Diagramação: Sheilandre Desenv. Gráfico
Revisão gráfica: Jaqueline Moreira
Capa: Ygor Moretti

ISBN 978-65-5713-074-2

Editado conforme o novo acordo ortográfico.

Este livro foi composto e impresso pela Editora Vozes Ltda.

Sumário

Introdução, 7

Parte I – Socialismo e ética, 27

O socialismo e o homem em Cuba, 29

Parte II – Socialismo e economia, 51

1 A planificação socialista: seu significado, 53

2 Sobre o sistema orçamentário de financiamentos, 68

Parte III – Socialismo e internacionalismo, 109

1 Discurso no Segundo Seminário Econômico de Solidariedade Afro-asiática, 111

2 Mensagem aos povos do mundo através da Tricontinental, 126

Notas do autor, 143

Introdução

I

Ao morrer, aos 39 anos de idade, Ernesto Guevara já se havia transformado em um dos maiores personagens do século XX. Apesar de ter participado diretamente na política durante um período relativamente curto de tempo – de 1955 a 1967 –, pelas intervenções decisivas que teve, pelo pensamento que desenvolveu e pelo significado que sua trajetória assumiu, o "Che" – como era chamado, por sua nacionalidade argentina, onde esse é um tratamento usual – representa um dos símbolos do século de maiores transformações e enfrentamento de ideias e de forças que a humanidade já conheceu.

O "Che" nasceu em Rosário, em 1928, revelando-se logo seu caráter de asmático e sua personalidade com traços potenciais de liderança. Assim que teve condições, começou a viajar pela América Latina, de bicicleta motorizada e de moto, visitando as regiões mais inóspitas e os hospitais mais relegados, como faceta de sua opção pela medicina, curso que frequentava em seu país de origem.

Uma vez concluído seu curso, o "Che" saiu definitivamente da Argentina, e depois de percorrer por uma segunda vez leprosários do Peru e da Venezuela, dirigiu-se à Guatemala, de onde lhe haviam chegado notícias sobre os programas de reforma social e política do governo. De fato, desde a primeira metade dos anos de 1940, um governo progressista, presidido por Juan José Arévalo, estava introduzindo modificações significativas na sociedade guatemalteca. Terminado seu mandato, ele foi substituído por Jacobo Arbenz, que deu continuidade a seu programa.

O "Che" se interessava particularmente pela extensão dos programas de saúde às populações mais necessitadas e se incorporou a essa ação governamental na sua qualidade de médico. No entanto, o governo tocava nos interesses da companhia norte-americana United Fruits, ao realizar a reforma agrária, condição para qualquer alteração positiva numa sociedade baseada na agricultura e com população, basicamente indígena, concentrada no campo. Ao fazê-lo, se chocava diretamente com os Estados Unidos que, além desse tipo de companhia que explora produtos agrícolas em toda a América Latina, considera a Guatemala como lugar estratégico, dispondo ali de um oleoduto que transporta combustível da Costa Oeste para a Costa Leste norte-americana.

Como havia acontecido centenas de vezes na história da Guatemala e da região centro-americana e caribenha, os Estados Unidos tramaram um golpe militar com apoio externo de suas tropas para derrubar o governo, o que efetivamente terminou acontecendo em 1954. Caindo o governo, iniciou-se uma repressão sistemática a todos os que colaboravam com ele, incluindo o "Che", cujo nome constava das listas de pessoas buscadas. Ele conseguiu fugir para o México, como fez grande parte dos guatemaltecos que escaparam da repressão.

Comentando depois sua situação na Guatemala, o "Che" dirá:

> Não, eu nunca ocupei cargos naquele governo. Mas quando se produziu a invasão norte-americana, tratei de formar um grupo de homens jovens como eu, para fazer frente aos aventureiros da United Fruits.

Na Guatemala era necessário lutar, e quase ninguém lutou. Era preciso resistir, e quase ninguém quis resistir (*Granma*, n. 256, ano 3, 16/10/1967, p. 8).

Essa experiência calou fundo na consciência política do "Che". Anos mais tarde, ele escreverá:

> Então eu me dei conta de uma coisa fundamental: para ser médico revolucionário ou para ser revolucionário, a primeira coisa que é preciso ter é uma revolução. De nada serve o esforço isolado, o esforço individual, a pureza de ideais, a vontade de sacrificar toda uma vida ao mais nobre dos ideais, se esse esforço é feito sozinho, solitário em algum rincão da América, lutando contra os governos adversos e as condições sociais que não permitem avançar (GUEVARA, E. *O médico revolucionário* – Obras 1957-1967. Tomo 2. Havana: Casa de las Américas, 1970, tomo 2, p. 71).

No México, o "Che" iria conhecer um grupo de cubanos que se preparavam para retornar a seu país e lutar contra a ditadura do General Fulgencio Batista. O golpe na Guatemala despertou no "Che" a consciência de como a origem dos males sociais dos países da região convergia sempre para o governo norte-americano, depois de passar pelas ditaduras que sempre assolaram o continente. O projeto dos barbudos cubanos pareceu-lhe significar a continuidade do trabalho que havia começado a levar a cabo na Guatemala, e ao final de uma noite de conversa com o advogado cubano Fidel Castro, ele decidiu se engajar no projeto dos caribenhos.

Começou ali uma nova fase na vida daquele argentino, cujo interesse pelos problemas sociais foi levando-o em direção à política e à militância revolucionária. O "Che" começou a participar do treinamento do grupo que havia sido organizado por Fidel, depois que ele e uma parte de seus companheiros haviam sido libertados da prisão por uma anistia decretada pelo governo. Haviam sido detidos e condenados pelo ataque a um quartel situado em Santiago de Cuba, na zona oriental daquele país, como tentativa de, a partir dali, iniciar uma sublevação contra a ditadura de Batista. Esta havia se instaurado às vésperas de eleições presidenciais, em que o partido favorito para triunfar era aquele em que Fidel Castro militava como dirigente de sua juventude. Depois de tentar impugnar o golpe por vias jurídicas, ele organizou o ataque ao quartel chamado Moncada. Fracassada a tentativa, uma parte do grupo foi fuzilada depois de ser detida, enquanto outra – entre os quais estava Fidel – foi salva pela intervenção de um padre, que garantiu a vida deles.

Na prisão, Fidel escreveu um folheto que continha sua defesa no processo que foi movido contra eles, que levou o título de *A história me absolverá*, e se transformou no programa político do grupo que foi formalmente constituído a partir dali, com o nome que consagrou a data do ataque ao Quartel Moncada – Movimento 26 de Julho. Soltos ao cabo de uma ampla campanha de anistia, eles decidiram sair de Cuba para se preparar para um retorno à luta insurrecional, prometendo que, no ano seguinte (1956), "seriam heróis ou mártires", isto é, voltariam ao país para triunfar ou morrer na luta contra a ditadura.

O grupo foi adestrado por um general veterano da guerra civil espanhola, que lhes transmitiu as experiências internacionais de luta armada, desde os clássicos como Clausewitz, até os processos concretos, como os da URSS, da China, do Vietnã, e lhes ajudou no adestramento. O "Che" se engajou como médico do grupo, mas teve que incorporar todo o conhecimento militar e a preparação física e combativa correspondente.

O "Che" chegou a ser preso, durante o treinamento, junto com alguns cubanos, mas recebeu a garantia de Fidel de que não partiriam abandonando-o. Finalmente, em vésperas de sair rumo a Cuba, o "Che" obteve de Fidel a promessa de que, depois do triunfo, ele estaria liberado para seguir lutando pela independência de outros países da América Latina.

O desembarque foi feito por meio de um iate comprado de um norte-americano, chamado *Granma* (abreviatura de *Grand Mother*), que comportava 12 pessoas, mas levava 72 combatentes, com comida, petrechos e armamento. Com todo esse peso, a viagem foi muito mais lenta do que o previsto, e assim houve um desencontro com os grupos do Movimento 26 de Julho em Cuba, que iniciaram manifestações de rua que deveriam ser coordenadas com a chegada do grupo, mas que, ao contrário, terminaram chamando a atenção do exército sobre o desembarque. As tropas estavam esperando-os, matando uma parte deles, dispersando-se outros. Restaram doze, entre eles Fidel e o "Che".

Inicia-se assim a guerra de guerrilhas contra o regime de Batista, da qual o "Che" participa, na primeira parte, como médico. Com o passar do tempo, ele foi colocando em prática sua capacidade de combatente, até um dia em que optou pela mochila de guerrilheiro em lugar da maleta de médico. Logo o "Che" passou a posições de mando, até que foi nomeado por Fidel para ser comandante de uma tropa de guerrilheiros.

Preocupado com as necessidades de propaganda da luta revolucionária e de politização do povo, o "Che" comandou a instalação da Rádio Rebelde, que começou a transmitir para regiões cada vez mais amplas desde o começo de 1958, até transformar-se, na etapa final da luta, em uma das emissoras com maior audiência no país; pois a população estava ansiosa por notícias verídicas sobre a situação da guerra.

Na parte final da guerra ele foi enviado para cortar a Ilha em duas partes, invadindo sua região central. O trem blindado enviado por Batista para tentar abastecer suas tropas na zona oriental de Cuba foi explodido pelo "Che", na cidade de Santa Clara, assestando o derradeiro golpe no regime militar. O "Che" avançou então com suas tropas para Havana com Camilo Cienfuegos, tomando um dos quartéis da cidade, enquanto se realizava uma greve geral de apoio aos guerrilheiros. Fidel Castro chegou à capital oito dias depois para assumir a direção real do novo poder revolucionário.

Durante a guerra de guerrilhas, o "Che" desenvolveu suas qualidades de dirigente militar e de teórico revolucionário. Em *Memórias da guerra revolucionária* ele deixou um registro do desenrolar da guerra, entremeado de reflexões sobre as alternativas táticas, os problemas de condução que vive um dirigente e a natureza da luta que desenvolviam.

Imediatamente depois do triunfo, o "Che" assumiu responsabilidades na área econômica do governo, tanto ligadas à reforma agrária quanto à planificação econômica. O "Che" terminou assumindo o cargo de ministro da Indústria. Ele não possuía nenhuma formação profissional para isso, tendo então que se dedicar a um intenso processo de leituras, estudo e discussão. Ao lado de suas qualidades de dirigente revolucionário, desenvolvem-se as de teórico do processo econômico de construção do socialismo. O "Che" se envolve numa discussão sobre o caráter da planificação econômica, da moeda, dos incentivos materiais e morais na nova sociedade, polemizando com o economista francês Charles Bettelheim.

Como representante do governo cubano, o "Che" realizou várias viagens pela América Latina – incluindo o Brasil –, pelos países socialistas e pela África. Ao retornar de uma dessas viagens, em março de 1965, o "Che" se retirou para colocar em prática o compromisso que havia obtido de Fidel, ainda no México: permitindo-lhe seguir a luta contra o imperialismo em outros países.

Transcorre um período em que o paradeiro do "Che" é desconhecido publicamente, suscitando múltiplas versões. Na realidade, ele treinava e organizava um grupo de sua inteira confiança para seguir com ele na luta guerrilheira fora de Cuba.

Vivia-se um período muito convulsionado no mundo. Os Estados Unidos, depois de consolidar seu papel de gendarme internacional, em nome da *pax americana*, preparava-se para dar a derradeira lição aos povos do Terceiro Mundo que ousavam se rebelar e resistir à sua dominação, atacando maciçamente o Vietnã. Um pequeno país asiático, produtor de arroz, aparecia ao mundo desafiando o maior império que a história mundial já conheceu.

O destino do Vietnã exemplificava, aos olhos do "Che", a situação de exploração e abandono da grande maioria dos povos do mundo, situado no Terceiro Mundo, sob a dominação do imperialismo norte-americano, excluídos dos benefícios do progresso e dos intercâmbios internacionais, dos quais participavam como fornecedores de matérias-primas baratas e mercados para produtos industriais cada vez mais caros. Agredido por potências como o Japão, a França e depois os Estados Unidos, o Vietnã ousava rebelar-se e deveria encontrar o apoio solidário dos revolucionários do mundo.

"Não se trata de desejar êxitos ao agredido, mas sim de sofrer a sua própria sorte; acompanhá-lo até a morte ou até a vitória" – foi com esse espírito que o "Che" se lançou ao projeto de extensão das lutas revolucionárias no mundo, como forma concreta de solidariedade militante ao Vietnã. "Criar dois, três, muitos Vietnãs" lhe parecia a melhor forma de apoio aos vietnamitas e a todos os que lutavam contra a exploração e a dominação propondo deixar de lado as divergências entre a URSS e a China, para dar apoio coordenado ao Vietnã.

Primeiro o "Che" se dirigiu à África, onde ajudou na organização dos revolucionários que, sob a direção de Patrice Lumumba, lutavam contra a dominação colonial sobre o Congo Belga. Depois, com o grupo selecionado em Cuba, foi se instalar na Bolívia. Seu projeto não era o de desenvolver uma guerrilha nesse país mediterrâneo da América Latina, mas, a partir dali, coordenar os núcleos revolucionários que começavam a surgir em vários países. De fato, a grupos guerrilheiros existentes na Venezuela, na Guatemala, no Peru, começavam a somar-se brotos de luta armada na Argentina, no Uruguai, no Brasil.

A Bolívia, situada no coração do continente, seria o melhor epicentro para construir uma coordenação revolucionária. A luta armada era a via escolhida para a luta pela emancipação dos países do continente, dado o bloqueio dos caminhos institucionais, conforme foram se militarizando os regimes do continente, pela difusão de regimes ditatoriais.

Os Estados Unidos impunham a "Aliança para o Progresso", um programa de ajuda econômica e militar aos governos que se decidissem fazer reformas – especialmente uma reforma agrária –, como forma de tentar obstaculizar rebeliões como a que havia triunfado em Cuba. O modelo alternativo à Revolução Cubana apresentado por

Washington era a "revolução com liberdade" do democrata-cristão Eduardo Frei, no Chile, dos países que ainda gozavam de uma democracia parlamentar no continente.

A crise do capitalismo latino-americano havia também colocado em xeque os sistemas políticos, levando as classes dominantes da região, em aliança com os Estados Unidos, a apelarem para ditaduras e modelos econômicos crescentemente concentradores de renda e dependentes internacionalmente. É diante desse quadro que o "Che" se coloca a tarefa de unificação e generalização, por todo o continente, da luta revolucionária por uma saída de libertação nacional diante do jugo imperialista e de uma via socialista face ao capitalismo em crise.

Seus objetivos, no entanto, encontrarão dificuldades; estas levariam seu projeto ao insucesso. Chegando à Bolívia, o "Che" se dirige para a região de Nancahuzau, onde se adestraria localmente o grupo chegado mais os contingentes boliviano e peruano que se agregaram ao núcleo inicial. Antes mesmo que pudessem entrar em combate, são detectados pelo exército, que move contra eles um cerrado cerco, antes que os guerrilheiros pudessem ter estabelecido bases sociais de apoio no campesinato da região.

Os guerrilheiros são então levados a iniciar os combates antes mesmo de haver cumprido com os requerimentos básicos – de conhecimento da zona, de construção de uma rede de apoio logístico e de massas, de contato com os outros núcleos do continente – para o desenvolvimento da luta. Conseguem vitórias iniciais, apesar disso. Ao mesmo tempo, os mineiros se manifestam em oposição ao governo ditatorial, mas sofrem um massacre, em junho de 1967, antes que pudessem se contactar com os guerrilheiros.

Em outubro, o cerco militar sobre os guerrilheiros se estreita, até que são detectados diretamente pelas tropas, e o "Che" é ferido e preso no dia 8 de outubro de 1967. Na manhã do dia seguinte, é fuzilado numa escola local, para onde havia sido conduzido, por decisão da alta oficialidade boliviana, em contato direto com Washington, com medo que um processo possibilitasse ao "Che" reverter a situação de vítima a acusador dos responsáveis pelo sistema de poder dominante.

II

No "Che" se reuniam várias dimensões do pensamento e da ação humana. Nele estava presente o homem, o guerrilheiro, o dirigente revolucionário. Seu pensamento conseguiu estender-se da estratégia político-militar ao socialismo humanista, passando pela ética revolucionária e pela solidariedade internacionalista. Nesta seleção de seus textos nos concentramos naqueles que mais diretamente têm a ver com a construção de um *homem novo*, obsessão que o orientou teórica e praticamente em toda a sua vida.

A construção desse *homem novo* está para ele intrinsecamente ligada à edificação de uma nova sociedade – solidária, sem exploração nem dominação, de homens livres e emancipados. Ética, economia e solidariedade internacionalista ligam-se indissoluvelmente, e sua obra e vida são cruzadas por essa preocupação. A ética, como normas, como princípios de conduta individual e de organização social; a economia, como critérios de resolução humanista da reconstrução da base material, para que ela deixe de ser instrumento de dominação do homem pelo capital, para ser alavanca de transformação do mundo conforme seus desígnios; o internacionalismo, porque o socialismo só pode se concretizar plenamente como projeto universal, como resposta mundial à internacionalização da dominação capitalista através da divisão do mundo entre as grandes potências, pelo imperialismo.

A economia ganhou uma dimensão estratégica nas revoluções socialistas não apenas pelo peso adquirido por essa instância no capitalismo, que se haveria de desmontar, mas também porque esses processos de ruptura com o sistema capitalista mundial deram-se todos na periferia dele. Desde a atrasada Rússia até a sociedade cubana monoprodutora de açúcar, todas tiveram que se enfrentar com as condições não previstas por Marx como as mais favoráveis para a construção do socialismo – as da sua irrupção nos elos mais desenvolvidos da cadeia imperialista.

Lenin já havia apontado como a passagem do sistema capitalista à sua fase imperialista representava uma internacionalização das relações capitalistas e, assim, as condições de maturidade para a revolução socialista não deviam ser julgadas em nível nacional, mas de uma análise do sistema internacional no seu conjunto. O que caracterizou como os *elos mais fracos da cadeia imperialista* não consistia nos seus pontos mais desenvolvidos ou nos menos, mas na conjugação das contradições pela inserção determinada de alguns países no conjunto da cadeia. Dessa forma, a Rússia czarista combinava um enorme atraso econômico-social – seu caráter "asiático" – com um Estado que ambicionava ser uma potência capitalista européia, ao lado da Inglaterra e da França. Para o que intensificou a exploração interna a limites insuportáveis para sua frágil base econômica e social, tornando-se o elo mais suscetível de explosão do conjunto do sistema capitalista naquele momento. Logo depois, a Alemanha, bloqueada pelos acordos do primeiro pós-guerra, ocuparia esse lugar, demonstrando como o elo mais fraco poderia se dar em lugares distintos da totalidade da cadeia.

Para Lenin, por esse desencontro surgido na Rússia entre maturidade das condições sociais, políticas, ideológicas e militares para uma revolução proletária e o seu atraso econômico, naquele país era mais fácil a tomada do poder, mas muito mais difícil a construção do socialismo. Para que esse fosse possível seria indispensável contar com a integração ao socialismo dos países mais desenvolvidos da Europa.

À economia cubana havia sido reservada a função estrita de exportadora de açúcar para o mercado norte-americano, onde ela deveria buscar todos os outros produtos de que necessitasse. Essa especialização imposta pela divisão internacional do trabalho dirigida pelas grandes potências capitalistas – os Estados Unidos em primeiro lugar – era possível pelo tipo de regime político: uma protorrepública, segundo os historiadores cubanos, em que Washington tutelava os governos de turno.

Cuba já não havia conseguido tornar-se um país independente no início do século passado – de forma similar a Porto Rico, até hoje neocolônia norte-americana –, como haviam logrado os outros países do continente. Quando uma guerra popular levada a cabo com a participação maciça dos escravos negros libertos conseguiu derrotar o exército espanhol, os Estados Unidos desembarcaram na Ilha para impor sua *pax* e estabelecer uma república tutelada.

O caráter de país estreitamente dependente dos Estados Unidos – econômica, política, militar e culturalmente –, aliado a uma capacidade de resistência à dominação espanhola e, depois, norte-americana, transformou a Ilha no elo mais frágil da dominação imperialista no continente. Fidel Castro e seus companheiros souberam explorar essa condição para conseguir tomar o poder na Ilha. Reproduziram assim condições similares àquelas que Lenin e os bolcheviques haviam enfrentado na Rússia no começo do século XX: uma economia atrasada diante de um processo avançado que se propunha a socialização dos meios de produção e a construção de uma sociedade sem exploração.

Como primeiro grande teórico do processo econômico de transição ao socialismo, o "Che" recolheu as formulações de Lenin e tratou de aplicá-las à situação específica que vivia Cuba no início dos anos de 1960. Ao apoiar-se centralmente no valor de uso – isto é, nas necessidades das grandes massas – a economia socialista tem na planificação central sua grande arma democratizadora da economia. No plano está presente a força consciente dos homens, que deixam aos poucos de ser vítimas e instrumentos cegos das leis do mercado, para dirigir voluntariamente a direção do seu trabalho social.

A lei do valor deixaria gradualmente de ditar seu império sobre a vida dos homens. O dinheiro não desaparece, mas muda de natureza, deixando de ser expressão das relações mercantis, para simplesmente contabilizar os tempos sociais de produção das mercadorias. Desaparece seu papel de intermediário de trocas, bem como o de entesourador de valor.

No debate com o economista francês Charles Bettelheim, o "Che" defende o que chama de *sistema orçamentário de financiamento*, um tipo de planificação em que as empresas estatais seriam parte de uma espécie de imensa fábrica nacional, da qual seriam apenas departamentos. Elas trocariam entre si produtos e não mercadorias, tendo um preço como forma de medir a proporção das transferências.

O conjunto dos fundos é centralizado pelo Banco Central, que os redistribui conforme a planificação central que, por sua vez, se apoia diretamente nas necessidades de consumo da população e nos requerimentos de reinvestimento.

Bettelheim defendia no debate o *sistema de autonomia financeira* – implementado na URSS –, em que cada uma delas tem certa liberdade para fixar preços, salários e investimentos, estabelecendo, portanto, sua própria rentabilidade. Esse sistema baseia-se então na lei do valor, para organizar as trocas entre as empresas, implicando ao mesmo tempo uma diferenciação crescente entre as empresas e entre os trabalhadores. O aumento de produção e de rentabilidade recebem, nesse sistema, prêmios coletivos e mesmo individuais, favorecendo a qualificação maior dos trabalhadores, mas também separando seus destinos do conjunto da sociedade.

Aplicado no início da Revolução, o sistema ideado pelo "Che" garantiu uma base de igualdade e cooperação coletiva na construção da sociedade socialista cubana. Esse sistema foi substituído, no transcurso dos anos de 1970, resultando não apenas na introdução de desigualdades que até ali o socialismo cubano não conhecia, mas incentivando o consumo individual diferenciado em relação ao conjunto do povo. Empresas se interessaram apenas na conclusão das obras que, contabilizada em valores, lhes permitia receber os prêmios correspondentes, independente do interesse social das obras. Outras funções ficaram relegadas, pela razão oposta – seu pouco valor nos critérios do sistema de autonomia financeira.

A partir de meados dos anos de 1980, a economia cubana retornou aos critérios do "Che", considerando que são os únicos compatíveis com os ideais de justiça social, de igualdade e de construção equilibrada de uma sociedade baseada nos valores morais de um homem novo.

III

Ainda no plano econômico, o "Che" já introduzia a dimensão essencial de sua visão do socialismo – a dimensão ética. Na construção de uma sociedade sem exploração, em que cada um vive de seu trabalho, deve primar a associação voluntária dos homens, baseada na cooperação, na solidariedade e no desapego material. Uma das formas que distinguem essa sociedade do capitalismo é que os homens se movem conscientemente e baseados em valores morais, na criação de uma sociedade sem egoísmos, sem definição de vias individuais de realização que excluem e se contraponham às dos outros.

Embora considerando todo o atraso material que um país como Cuba deveria superar pelo desenvolvimento material, com o apoio das inovações científicas e tecnológicas, a principal contribuição do socialismo cubano, para o "Che", residia nos *incentivos morais* ao trabalho. Ao lado da necessária retribuição material e das formas de incentivo à melhor qualificação dos trabalhadores, o "Che" pregava uma política de incentivos morais, que consistem no reconhecimento da sociedade pelo trabalho dos indivíduos, premiando-os com condecorações, promoções nas organizações de massa, com sua inclusão nos quadros de vanguarda da nova sociedade.

O *trabalho voluntário* é outra expressão dessa ênfase do "Che" na dimensão ética do socialismo. Através dele, por sua própria decisão, parcelas da sociedade entregam trabalho grátis a ela, tanto como reconhecimento pelo que ela lhes propicia quanto como forma, desapegada dos valores materiais, de contribuir para a construção do socialismo. Nas campanhas pelo trabalho voluntário, o "Che" dedicou grandes esforços: no convencimento do povo e no exemplo concreto do qual sempre esteve na primeira fila.

Esses mesmos valores humanistas, presentes na economia e nos valores éticos da nova sociedade, foram transpostos pelo "Che" e por Fidel para o plano internacional. O socialismo – tal como havia sido considerado por Marx e Lenin – só pode ser um projeto internacional, mesmo porque o proletariado – seu agente fundamental – é uma classe internacional. O *internacionalismo*, para eles, é uma dimensão essencial da consciência de classe. A solidariedade internacionalista tornou-se, desde o início da Revolução Cubana, a outra face dos critérios de incentivos morais e de trabalho voluntário, complementando o fator ético como alavanca na construção do homem novo.

Os textos do "Che" sobre a situação internacional, incluídos nesta coletânea, são exemplos dessa forma de compreensão e, ao mesmo tempo, de juízo crítico das políticas internacionais que fazem desaparecer os conflitos que opõem os poderosos aos mais débeis, os exploradores aos explorados, sob o manto do realismo e da boa convivência. O "Che" erigiu sua inquestionável voz na defesa da solidão do Vietnã e dos Vietnãs do mundo, que sozinhos lutam por sua sobrevivência e por seus direitos, com apoios – às vezes distantes, orais – que mal escondem a má-fé, o incômodo pelo espírito de rebelião dos que não se resignam à humilhação e à exploração.

Quando se questiona a natureza do socialismo em função de sua eficiência econômica, mais atual ainda se torna o pensamento do "Che", para reafirmar que os ideais clássicos do marxismo e da luta histórica dos homens por uma sociedade humana e justa têm uma carga ética incontornável. Que os destinos de toda a humanidade são a referência para quem luta pela superação da exploração entre os homens, entre as nações, entre as raças e entre os sexos. Por personificar os princípios morais superiores do humanismo, resgatando para o socialismo do século XX os melhores sentimentos e ideais que a humanidade foi capaz de forjar, o "Che" –

por sobre o guerrilheiro, o dirigente revolucionário e o teórico – surge aos olhos do final de século como o que de melhor a história pode criar e um modelo do *homem novo* que ele nos propôs.

Referências

LOWY, M. *El pensamiento del "Che"*. México: Siglo Veintiuno, 1971.

PÉREZ, C.T. *El pensamiento económico de Ernesto "Che" Guevara*. Havana: Casa de las Américas, 1987.

SADER, E. (org.). *"Che" Guevara* – Antologia. São Paulo: Ática, 1981.

VV.AA. *"Che": 20 anos depois* – Ensaios e testemunhos. São Paulo: Busca Vida, 1987.

O socialismo humanista

Parte I
Socialismo e ética

Parte I
Socialismo e etica

O socialismo e o homem em Cuba[1]

Estimado companheiro[2]:

Estou concluindo estas notas, em minha viagem pela África, animado pelo desejo de cumprir, ainda que tardiamente, minha promessa. Gostaria de fazê--lo, tratando o tema do título. Creio que poderia ser interessante para os leitores uruguaios.

É comum ouvir da boca dos porta-vozes do capitalismo, como um argumento na luta ideológica contra o socialismo, a afirmação de que este sistema social, ou o período de construção do socialismo a que estamos dedicados, se caracteriza pela abolição do indivíduo em função do Estado. Não pretenderei refutar esta afirmação de forma meramente teórica, mas estabelecer os fatos como eles acontecem em Cuba e acrescentar comentários de caráter geral. Primeiro esboçarei em seus traços gerais a história de nossa luta revolucionária antes e depois da tomada do poder.

Como se sabe, a data precisa em que se iniciaram as ações revolucionárias, que culminaram no dia 1º de janeiro de 1959, foi 26 de julho de 1953. Um grupo de homens dirigidos por Fidel Castro atacou na madrugada desse dia o Quartel Moncada, na província de Oriente. O ataque foi um fracasso, o fracasso se transformou em desastre e os sobreviventes foram parar na prisão, para reiniciar, depois de anistiados, a luta revolucionária.

Durante esse processo, no qual somente existiam germes de socialismo, o homem era um fator fundamental. Nele se confiava, ele era individualizado, específico, com nome e sobrenome, e de sua capacidade de ação dependia o triunfo ou o fracasso daquilo que se empreendia.

Chegou a etapa da luta guerrilheira. Esta se desenvolveu em dois ambientes diferentes: o povo, massa ainda adormecida que era preciso mobilizar, e sua vanguarda, a guerrilha, motor impulsor da mobilização, gerador de consciência revolucionária e de entusiasmo combativo. Foi esta vanguarda o agente catalisador que criou as condições subjetivas necessárias para a vitória. Também nela, no processo de proletarização de nosso pensamento, da revolução que se processava em nossos hábitos, em nossas mentes, o indivíduo foi o fator fundamental. Cada um dos combatentes da Sierra Maestra, que chegou a ter algum grau superior nas forças revolucionárias, tem uma história de fatos notáveis. Em função deles é que foram alcançados aqueles graus.

Foi a primeira época heroica, em que se disputava para conseguir um cargo de maior responsabilidade, de maior perigo, sem outra satisfação senão o cumprimento do dever. Em nosso trabalho de educação revolucionária, voltamos constantemente a este tema instrutivo. Na atitude de nossos combatentes se vislumbrava o homem do futuro.

Em outras oportunidades de nossa história se repetiu esse fato da entrega total à causa revolucionária. Durante a crise de outubro[3] ou nos dias do furacão Flora[4], vimos atos de valor e de sacrifício excepcionais realizados por todo o povo. Encontrar a fórmula para perpetuar na vida cotidiana essa atitude heroica é uma de nossas tarefas fundamentais do ponto de vista ideológico.

Em janeiro de 1959 estabeleceu-se o Governo Revolucionário com a participação de vários membros da burguesia entreguista. A presença do Exército Rebelde constituía a garantia de poder como fator fundamental de força.

Surgiram em seguida sérias contradições, resolvidas, em primeira instância, em fevereiro de 1959, quando Fidel Castro assumiu a chefia do governo no cargo de primeiro-ministro. Culminava o processo em julho daquele mesmo ano, ao renunciar o Presidente Urrutia[5] diante da pressão das massas.

Aparecia na história da Revolução Cubana, agora com características nítidas, um personagem que a protagonizará sistematicamente: a massa.

Este ente multifacético não é, como se pretende, a soma de elementos de uma mesma categoria (reduzidos à mesma categoria, além disso, pelo sistema imposto), que atua como um manso rebanho. É verdade que segue sem vacilar a seus dirigentes, fundamentalmente a Fidel Castro, mas o grau desta confiança responde precisamente à interpretação cabal dos desejos do povo, de suas aspirações e da luta sincera pelo cumprimento das promessas feitas.

A massa participou na reforma grária e no difícil empenho da administração das empresas estatais; passou pela experiência heroica de Playa Girón[6]; forjou-se nas lutas contra as várias "bandas de bandidos" armados pela CIA[7]; viveu uma das definições mais importantes dos tempos modernos na crise de outubro e continua hoje trabalhando na construção do socialismo.

Vistas as coisas de um ponto de vista superficial, poderia parecer que têm razão os que falam da subordinação do indivíduo ao Estado; a massa realiza com entusiasmo e disciplina incomparáveis as tarefas que o governo fixa, sejam elas de caráter econômico, esportivo etc. A iniciativa parte em geral de Fidel ou do alto mando da Revolução e é explicada ao povo que a assume como sua. Outras vezes, experiências locais são tomadas pelo Partido e pelo governo para generalizá-las, seguindo o mesmo procedimento.

No entanto, o Estado às vezes erra. Quando surge um desses equívocos, nota-se uma diminuição do entusiasmo coletivo como efeito de uma diminuição quantitativa de cada um dos elementos que o formam, e o trabalho fica paralisado até se reduzir a magnitudes insignificantes; é o instante de retificar. Assim aconteceu em março de 1962 diante da política sectária imposta ao Partido por Anibal Escalante[8].

É evidente que o mecanismo não basta para assegurar uma sucessão de medidas sensatas e que falta uma conexão mais estruturada com a massa. Devemos melhorar no transcurso dos próximos anos, mas, no caso das iniciativas surgidas nos estratos superiores do governo, utilizamos por agora o método quase intuitivo de auscultar as reações gerais frente aos problemas colocados.

Fidel é mestre nisso, cujo modo particular de integração com o povo só pode ser apreciado vendo-o atuar. Nas grandes concentrações públicas se observa algo assim como o diálogo de dois diapasões, cujas vibrações provocam outras novas no interlocutor. Fidel e a massa começam a vibrar em um diálogo de intensidade crescente até alcançar o clímax em um final abrupto, coroado por nosso grito de luta e de vitória.

O difícil de entender, para quem não vive a experiência da Revolução, é essa estreita unidade dialética existente entre o indivíduo e a massa, onde ambos se inter-relacionam e, por sua vez, entender como a massa, como conjunto de indivíduos, se inter-relaciona com os dirigentes.

No capitalismo é possível ver alguns fenômenos desse tipo, quando aparecem políticos capazes de conseguir a mobilização popular. Mas, se não se trata de um autêntico movimento social, em que não é plenamente lícito falar de capitalismo; o movimento viverá o quanto durar a vida de quem o impulsione ou até o fim das ilusões populares, imposto pelo rigor da sociedade capitalista. Nesta, o homem está dirigido por um frio ordenamento que, habitualmente, escapa ao domínio de sua compreensão. O exemplar humano, alienado, tem um invisível cordão umbilical que o liga à sociedade em seu conjunto: a lei do valor. Ela atua em todos os aspectos de sua vida, vai modelando seu caminho e seu destino.

As leis do capitalismo, invisíveis para o comum dos mortais e cegas, atuam sobre o indivíduo sem que este perceba. Só vê a amplitude de um horizonte que aparece infinito. Dessa forma o apresenta a propaganda capitalista que pretende extrair do Caso Rockfeller – verídico ou não – uma lição sobre as possibilidades de sucesso. A miséria, que é necessário acumular para que surja um exemplo desses, e a soma de maldades, que leva consigo uma fortuna dessa magnitude, não aparecem no quadro e nem sempre é possível às forças populares esclarecer esses conceitos. (Caberia aqui discutir como nos países imperialistas os operários vão perdendo seu espírito internacional de classe sob o influxo de uma certa cumplicidade na exploração dos países dependentes e como este fato, ao mesmo tempo, lima o espírito de luta das massas no próprio país, mas esse é um tema que sai da intenção destas notas.)

De toda forma, o caminho apresenta dificuldades que, aparentemente, um indivíduo com as qualidades necessárias pode superar para chegar à meta. O prêmio se vislumbra ao longe; o caminho é solitário. Além disso, é uma corrida de lobos: somente se pode chegar sobre o fracasso dos outros.

Procurarei agora definir o indivíduo, ator desse estranho e apaixonante drama que é a construção do socialismo, em sua dupla existência de ser único e de membro da comunidade.

Acho que o mais simples é reconhecer sua qualidade como algo não realizado, não acabado. As taras do passado se transferem ao presente na consciência individual, e é preciso fazer um trabalho contínuo para erradicá-las.

O processo é duplo: por um lado atua a sociedade com sua educação direta e indireta; por outro, o indivíduo se submete a um processo consciente de autoeducação.

A nova sociedade em formação tem que competir muito duramente com o passado. Isto se faz sentir não apenas na consciência individual, em que pesam os resíduos de uma educação sistematicamente orientada ao isolamento do indivíduo, mas também pelo próprio caráter desse período de transição com persistência das relações mercantis. A mercadoria é a célula econômica da sociedade capitalista; enquanto existir, seus efeitos se farão sentir na organização da produção e, por conseguinte, na consciência.

No esquema de Marx se concebia o período de transição como resultado da transformação explosiva do sistema capitalista destroçado por suas contradições; na realidade posterior, viu-se como se desprendem da árvore imperialista alguns países que constituem ramos frágeis, um fenômeno previsto por Lenin. Nestas, o capitalismo se desenvolveu suficientemente para fazer sentir seus efeitos, de um modo ou de outro, sobre o povo, mas não são suas próprias contradições que, esgotadas todas as possibilidades, fazem explodir o sistema. A luta de libertação contra um opressor externo, como miséria provocada por acidentes estranhos, como a guerra, cujas consequências as classes privilegiadas fazem recair sobre os explorados, os movimentos de libertação destinados a derrubar regimes neocoloniais, são os fatores habituais de desencadeamento. A ação consciente faz o resto.

Nesses países não se conseguiu ainda uma educação completa para o trabalho social, e a riqueza está longe do alcance das massas mediante o simples processo de apropriação. O subdesenvolvimento por um lado e a habitual fuga de capitais para países "civilizados" por outro tornam impossível uma mudança rápida e sem sacrifícios. Resta um grande trecho a percorrer na construção da base econômica, e a tentação de seguir os caminhos trilhados do interesse material, como alavanca impulsionadora de um desenvolvimento acelerado, é muito grande.

Corre-se o perigo de que as árvores impeçam de ver a floresta. Perseguindo a quimera de realizar o socialismo com a ajuda das armas defeituosas que nos foram legadas pelo capitalismo (a mercadoria como célula econômica, a rentabilidade, o interesse material individual como alavanca etc.), pode-se chegar a um beco sem saída. E se chega ali depois de percorrer uma longa distância em que os caminhos se entrecruzam muitas vezes e onde é difícil perceber o momento em que houve o equívoco de caminho. Enquanto isso, a base econômica adaptada fez seu trabalho de sabotagem sobre o desenvolvimento da consciência. Para construir o comunismo, simultaneamente com a base material, é preciso construir o homem novo.

Daí ser tão importante escolher corretamente o instrumento de mobilização das massas. Esse instrumento deve ser de índole moral, fundamentalmente, sem esquecer uma correta utilização do estímulo material, sobretudo de natureza social.

Como já disse, em momentos de extremo perigo, é fácil potenciar os estímulos morais; para manter sua vigência, é necessário o desenvolvimento de uma consciência em que os valores adquiram categorias novas. A sociedade em seu conjunto deve se converter em uma gigantesca escola.

As grandes linhas do fenômeno são similares ao processo de formação da consciência capitalista em sua primeira época. O capitalismo recorre à força, mas, além disso, educa as pessoas no sistema. A propaganda direta se realiza pelos encarregados de explicar a inevitabilidade de um regime de classe, seja de origem divina ou pela imposição da natureza como ser mecânico. Isso aplaca as massas que se veem oprimidas por um mal contra o qual não é possível a luta.

Em seguida vem a esperança, e nisso se diferencia dos regimes anteriores de casta que não deixavam saída possível.

Para alguns continuará vigente ainda a fórmula de casta: o prêmio aos obedientes consiste no acesso, depois da morte, a outros mundos maravilhosos onde os bons são premiados, com o que se segue a velha tradição. Para outros, a inovação; a separação em classes é fatal, mas os indivíduos podem sair daquela a que pertencem mediante o trabalho, a iniciativa etc. Este processo e o da autoeducação para o triunfo devem ser profundamente hipócritas: é a demonstração interessada de que uma mentira é verdade.

No nosso caso, a educação direta adquire uma importância muito maior. A explicação é convincente porque é verdadeira; não precisa de subterfúgios.

Ela é feita através do aparato educativo do Estado em função da cultura geral, técnica e ideológica, por meio de organismos tais como o Ministério de Educação e o aparato de divulgação do Partido. A educação penetra nas massas e a nova atitude preconizada tende a converter-se em hábito; a massa vai assumindo-a como sua e pressiona os que não se educaram ainda. Esta é a forma indireta de educar as massas, tão poderosa quanto aquela outra.

Mas o processo é consciente; o indivíduo recebe continuamente o impacto do novo poder social e percebe que não está completamente adequado a ele. Sob a influência da pressão que supõe a educação indireta, trata de se acomodar a uma situação que sente como justa e cuja própria falta de desenvolvimento lhe impediu de fazê-lo até agora. Ele se autoeduca.

Nesse período de construção do socialismo podemos ver o homem novo que vai nascendo. Sua imagem não está ainda acabada; não poderia estar nunca, já que o processo corre paralelamente com o desenvolvimento de formas econômicas novas. Descontando aqueles cuja falta de educação os faz tender para o caminho solitário, ao da autossatisfação de suas ambições, há os que mesmo dentro deste novo panorama de marcha conjunta têm tendência a caminhar isolados da massa que acompanham. O importante é que os homens vão adquirindo cada dia mais consciência da necessidade de sua incorporação à sociedade e, ao mesmo tempo, de sua importância como motores dela.

Já não marcham completamente sozinhos, por descaminhos, em direção a longínquos desejos. Seguem à sua vanguarda, constituída pelo Partido, pelos operários de vanguarda pelos homens de vanguarda que caminham ligados às massas e em estreita comunhão com elas. As vanguardas têm seus olhos no futuro e em sua recompensa, mas esta não se vislumbra como algo individual; o prêmio é a nova sociedade, onde os homens terão características diferentes: a sociedade do homem comunista.

O caminho é longo e cheio de dificuldades. Às vezes, por se desviar da rota, é preciso retroceder; outras, por caminhar excessivamente depressa, nos separamos das massas; em certas ocasiões, por fazê-lo lentamente, sentimos o respirar próximo e ofegante dos que nos pisam nos calcanhares. Em nossa ambição de revolucionários, tratamos de caminhar tão depressa quanto seja possível, abrindo caminhos, mas sabemos que temos que nos nutrir da massa e que esta só poderá avançar mais rápido se a alentarmos com nosso exemplo.

Apesar da importância dada aos estímulos morais, o fato de existir a divisão em dois grupos principais (excluindo, claro, a fração minoritária dos que não participam, por uma ou outra razão, na construção do socialismo), indica a relativa falta de desenvolvimento da consciência social. O grupo de vanguarda é ideologicamente mais avançado que a massa; esta conhece os valores novos, mas insuficientemente. Enquanto nos primeiros se dá uma mudança qualitativa que lhes permite ir ao sacrifício em sua função de vanguarda, os segundos só veem pela metade e devem ser submetidos a estímulos e pressões de certa intensidade; é a ditadura do proletariado exercendo-se não apenas sobre a classe derrotada, mas também individualmente, sobre a classe vencedora.

Tudo isso implica, para seu êxito total, a necessidade de uma série de mecanismos, as instituições revolucionárias. Na imagem das multidões marchando para o futuro se insere o conceito de institucionalização como o de um conjunto harmônico de canais, escalões, represas, instrumentos bem ágeis que permitam essa marcha e a seleção natural dos destinados a caminhar na vanguarda, que deem o prêmio e o castigo aos que cumprem ou atentam contra a sociedade em construção.

Essa institucionalidade da Revolução ainda não foi conseguida. Buscamos algo novo que permita a perfeita identificação entre o governo e a comunidade em seu conjunto, ajustada às condições peculiares da construção do socialismo e fugindo ao máximo dos lugares-comuns da democracia burguesa, transplantados à sociedade em formação (como as câmaras legislativas, p. ex.). Fizeram-se algumas experiências dedicadas a criar paulatinamente a institucionalização da Revolução, mas sem excessiva pressa. O maior freio que tivemos foi o medo a que qualquer aspecto formal nos separe das massas e do indivíduo, nos faça perder de vista a última e mais importante ambição revolucionária, que é ver o homem libertado de sua alienação.

Apesar da carência de instituições, o que deve ser superado gradualmente, agora as massas fazem a história como o conjunto consciente de indivíduos que lutam por uma mesma causa. O homem, no socialismo, apesar de sua aparente homogeneização, é mais completo; apesar da falta do mecanismo perfeito para isso, sua possibilidade de se expressar e se fazer sentir no aparato social é infinitamente maior.

Ainda é preciso acentuar sua participação consciente, individual e coletiva, em todos os mecanismos de direção e de produção e ligá-la à ideia da necessidade da própria educação técnica e ideológica de maneira que sinta como estes processos são estreitamente interdependentes e seus avanços são paralelos. Assim obterá a consciência total de seu ser social, o que equivale à sua realização plena como criatura humana, rompidas as cadeias da alienação.

Isso se traduzirá concretamente na reapropriação de sua natureza através do trabalho liberado e da expressão de sua própria condição humana através da cultura e da arte.

Para que se desenvolva na primeira, o trabalho deve adquirir uma condição nova; a mercadoria-homem deixa de existir e se instala um sistema que outorga uma cota pelo cumprimento do dever social. Os meios de produção pertencem à sociedade e a máquina é apenas a trincheira onde se cumpre o dever. O homem começa a libertar seu pensamento do fato molesto que supunha a necessidade de satisfazer suas necessidades animais mediante o trabalho. Começa a ver-se retratado em sua obra e a compreender sua magnitude humana através do objeto criado, do trabalho realizado. Isso já não implica deixar uma parte de seu ser em forma de força de trabalho vendida, que não lhe pertence mais, porém significa uma emanação de si mesmo, uma contribuição à vida comum em que se reflete o cumprimento de seu dever social.

Fazemos todo o possível para dar ao trabalho esta nova categoria de dever social e uni-lo, por um lado, ao desenvolvimento da técnica, o que dará condições para uma maior liberdade, e, por outro lado, ao trabalho voluntário, baseados na apreciação marxista de que o homem realmente alcança sua plena condição humana quando produz sem a compulsão da necessidade física de vender-se como mercadoria.

Claro que ainda há aspectos coercitivos no trabalho, mesmo quando seja voluntário; o homem não transformou toda a coerção que o rodeia em reflexo condicionado de natureza social e ainda produz, em muitos casos, sob a pressão do meio (compulsão moral, como a chama Fidel). Ainda lhe falta alcançar a completa recreação espiritual diante de sua própria obra, sem a pressão direta do meio social, mas ligado a ele pelos novos hábitos. Assim será o comunismo.

A mudança não se dá automaticamente na consciência, como não se dá tampouco na economia. As variações são lentas e não são rítmicas; há períodos de aceleração, outros pausados e, inclusive, de retrocesso.

Devemos considerar, além disso, como mencionamos antes, que não estamos frente ao período de transição puro, tal como viu Marx na *Crítica ao Programa de Gotha*, mas em uma nova fase, não prevista por ele; primeiro período de transição do comunismo ou da construção do socialismo. Este transcorre em meio de violentas lutas de classe e com elementos de capitalismo em seu seio que obscurecem a compreensão cabal de sua essência.

Se a isso se acrescenta o escolasticismo, que freou o desenvolvimento da filosofia marxista e impediu o tratamento sistemático do período, cuja economia política não se desenvolveu, devemos convir que ainda estamos engatinhando e que é preciso dedicarnos à investigação de todas as características primordiais do mesmo, antes de elaborarmos uma teoria econômica e política de maior alcance.

A teoria que resultar dará indefectivelmente prioridade aos dois pilares da construção: a formação do homem novo e o desenvolvimento da técnica. Em ambos os aspectos falta-nos muito por fazer, mas é menos desculpável o atraso quanto à concepção da técnica como base fundamental, já que aqui não se trata de avançar cegamente mas de seguir durante um bom pedaço o caminho aberto pelos países mais adiantados do mundo. Por isso Fidel repisa com tanta insistência na necessidade da formação tecnológica e científica de todo o nosso povo e, mais ainda, de sua vanguarda.

No campo das ideias que conduzem a atividades não produtivas, é mais fácil ver a divisão entre necessidade material e espiritual. Desde muito tempo o homem trata de se libertar da alienação mediante a cultura e a arte. Morre diariamente às oito e mais horas em que atua como mercadoria para ressuscitar em sua criação espiritual. Mas esse remédio leva os germes da própria doença: é um ser solitário que busca comunhão com a natureza. Defende sua individualidade oprimida pelo meio e reage diante das ideias estéticas como um ser único cuja aspiração é permanecer imaculado.

Trata-se somente de uma tentativa de fuga. A lei do valor não é mais um mero reflexo das relações de produção; os capitalistas monopolistas a rodeiam de uma complicada estrutura que a converte em uma escrava dócil, mesmo quando os métodos que empregam sejam puramente empíricos. A superestrutura impõe um tipo de arte em que é preciso educar os artistas. Os rebeldes são dominados pela maquinaria e só os talentos excepcionais poderão criar sua própria obra. Os restantes se tornam assalariados vergonhosos ou são triturados.

Importa investir na pesquisa artística naquela que se define pela liberdade. Mas esta "pesquisa" tem seus limites imperceptíveis até o momento de se chocar com eles, isto é, de se colocar os reais problemas do homem e sua alienação. A angústia sem sentido ou o passatempo vulgar constituem válvulas cômodas para a inquietação humana; combate-se a ideia de fazer da arte uma arma de denúncia.

Se se respeitam as leis do jogo, conseguem-se todas as honras que poderia ter um macaco ao inventar piruetas. A condição é a de não tratar de escapar da jaula invisível.

Quando a Revolução tomou o poder ocorreu o êxodo dos domesticados totais; os demais, revolucionários ou não, viram um caminho novo.

A pesquisa artística tomou novo impulso. Contudo, as rotas estavam mais ou menos traçadas e o sentido do conceito de fuga se escondeu por detrás da palavra "liberdade". Nos próprios revolucionários se manteve muitas vezes esta atitude, reflexo do idealismo burguês na consciência.

Em países que passaram por um processo similar pretendeu-se combater essas tendências com um dogmatismo exagerado. A cultura geral converteu-se quase em um tabu e se proclamou o *summum* da aspiração cultural, uma representação formalmente exata da natureza, convertendo-se este, em seguida, em uma representação mecânica da realidade social que se queria mostrar; a sociedade ideal, quase sem conflitos nem contradições, que se buscava criar.

O socialismo é jovem e tem erros. Nós revolucionários carecemos, muitas vezes, dos conhecimentos e da audácia intelectual necessárias para encarar a tarefa do desenvolvimento de um homem novo por métodos diferentes dos convencionais, e os métodos convencionais sofrem a influência da sociedade que os criou. (Outra vez se coloca o tema da relação entre forma e conteúdo.) A desorientação é grande e os problemas da construção material nos absorvem. Não há artistas de grande autoridade que, por sua vez, tenham grande autoridade revolucionária. Os homens do Partido devem tomar essa tarefa em suas mãos e buscar a realização do objetivo principal; educar o povo.

Busca-se então a simplificação, coisa que todos entendem, inclusive os funcionários. Anulando-se a autêntica pesquisa artística, se reduz o problema da cultura geral a uma apropriação do presente socialista e do passado morto (portanto, não perigoso). Assim nasce o realismo socialista sobre as bases da arte do século passado.

Mas a arte realista do século XIX, também é de classe, mais puramente capitalista, talvez, do que esta arte decadente do século XX, onde transparece a angústia do homem alienado. O capitalismo na cultura deu tudo de si e não fica dele senão o anúncio de um cadáver malcheiroso em arte, sua decadência de hoje. Mas por que pretender buscar nas formas congeladas do realismo socialista a única receita válida? Não se pode opor ao realismo socialista "a liberdade", porque esta não existe ainda, não existirá até o completo desenvolvimento da nova sociedade; mas não se deve condenar todas as formas de arte posteriores à primeira metade do século XIX desde o trono pontifício do realismo a qualquer preço, pois se cairia em um erro proudhoniano de retorno ao passado, colocando camisa de força à expressão artística do homem que nasce e se constrói hoje.

Falta o desenvolvimento de um mecanismo ideológico cultural que permita a pesquisa e limpe a erva daninha, tão facilmente multiplicável no terreno adubado pela subvenção estatal.

Em nosso país não ocorreu o erro do mecanismo realista, mas sim outro, de sinal contrário, por não compreender a necessidade da criação do homem novo, que não é o que representam as ideias do século XIX, nem tampouco as de nosso século decadente e mórbido. O homem do século XXI é o que devemos criar, apesar de ser ainda uma aspiração subjetiva e não sistematizada. Precisamente este é um dos pontos fundamentais de nosso estudo e trabalho: na medida em que conseguirmos êxitos concretos sobre uma base teórica ou, vice-versa, extrairmos conclusões teóricas de caráter amplo, baseadas em nossa pesquisa concreta, teremos feito uma contribuição valiosa ao marxismo-leninismo à causa da humanidade. A reação contra o homem do século XIX nos trouxe a reincidência no decadentismo do século XX; não é um erro demasiado grave, mas devemos superá-lo sob pena de abrirmos um grande flanco ao revisionismo.

As grandes multidões vão se desenvolvendo, as novas ideias vão ganhando ímpeto no seio da sociedade, as possibilidades materiais de desenvolvimento integral de absolutamente todos os seus membros tornam muito mais frutífero o trabalho. O presente é de luta; o futuro é nosso.

Resumindo, a culpabilidade de nossos intelectuais e artistas reside em seu pecado original; não são autenticamente revolucionários. As novas gerações virão livres do pecado original. As possibilidades de que surjam artistas excepcionais serão tanto maiores quanto mais se ampliem o campo da cultura e a possibilidade de expressão. Nossa tarefa consiste em impedir que a geração atual, deslocada por seus conflitos, se perverta e perverta as novas. Não devemos criar assalariados dóceis ao pensamento oficial, nem "bolsistas" que vivam sustentados pelo orçamento, exercendo uma liberdade entre aspas. Logo virão os revolucionários que entoem o canto do homem novo com a autêntica voz do povo. É um processo que requer tempo.

Na nossa sociedade, a juventude e o Partido desempenham um importante papel.

Particularmente importante é a primeira, por ser a argamassa maleável com que se pode construir o homem novo sem nenhuma das taras anteriores.

Ela recebe um tratamento coerente com nossas ambições. Sua educação é cada vez mais completa e não esquecemos sua integração no trabalho desde os primeiros momentos. Nossos bolsistas fazem trabalho físico em suas férias ou simultaneamente com o estudo. O trabalho é um prêmio em certos casos, um instrumento de educação, em outros, nunca um castigo. Uma nova geração nasce.

O Partido é uma organização de vanguarda. Os melhores trabalhadores são propostos por seus companheiros para integrá-lo. Este é minoritário, mas de grande autoridade pela qualidade de seus quadros. Nossa aspiração é a de que o Partido seja de massas, mas isso quando as massas tiverem alcançado o nível de desenvolvimento da vanguarda, isto é, quando estiverem educadas para o comunismo. E para essa educação vai encaminhado o trabalho. O Partido é o exemplo vivo; seus quadros devem refletir laboriosidade e sacrifício com sua ação e devem levar as massas à realização das tarefas revolucionárias, o que requer anos de dura luta contra as dificuldades da construção, contra os inimigos de classe, contra os estigmas do passado, contra o imperialismo...

Eu queria explicar agora o papel que tem a personalidade, o homem como indivíduo das massas que fazem a história. Trata-se de nossa experiência e não de uma receita.

Fidel deu à Revolução o impulso nos primeiros anos, a direção, a tônica sempre, mas há um bom grupo de revolucionários que se desenvolvem no mesmo sentido que o dirigente máximo e uma grande massa que segue seus dirigentes porque tem fé neles; e tem fé neles porque eles souberam interpretar seus desejos.

Não se trata de quantos quilos de carne se comem ou de quantas vezes por ano alguém pode ir passear na praia, nem de quantas maravilhas que vêm do exterior possam ser compradas com os salários atuais. Trata-se, precisamente, de que o indivíduo se sinta mais pleno, com muito mais riqueza interior e com muito mais responsabilidade.

O indivíduo do nosso país sabe que a época gloriosa que lhe corresponde viver é de sacrifício; ele conhece o sacrifício. Os primeiros o conheceram na Sierra Maestra[9] e em todos os lugares onde se lutou; depois nós a conhecemos em toda Cuba. Cuba é a vanguarda da América e deve fazer sacrifícios porque ocupa o lugar de vanguarda, porque indica às massas da América Latina o caminho da plena liberdade.

Dentro do país, os dirigentes têm que cumprir seu papel de vanguarda; e é preciso dizê-lo com toda sinceridade, em uma revolução verdadeira à qual se entrega tudo, da qual não se espera nenhuma retribuição material, a tarefa do revolucionário de vanguarda é ao mesmo tempo magnífica e angustiante.

Permita-me dizer-lhes, com o risco de parecer ridículo, que o revolucionário verdadeiro é guiado por grandes sentimentos de amor. É impossível pensar em um revolucionário autêntico sem esta qualidade. Talvez seja um dos grandes dramas do dirigente; este deve unir a um espírito apaixonado uma mente fria e tomar decisões dolorosas sem que se contraia um músculo. Nosso revolucionário de vanguarda tem que idealizar esse amor aos povos, às causas mais sagradas e fazê-lo único, indivisível. Não pode descer com sua pequena dose de carinho cotidiano para os lugares onde o homem comum o vive.

Os dirigentes da Revolução têm filhos que em seus primeiros balbucios não aprendem a chamar o pai; mulheres que devem ser parte do sacrifício geral de sua vida para levar a Revolução a seu destino; o marco dos amigos corresponde estritamente ao marco dos companheiros de revolução. Não há vida fora dela.

Nessas condições é preciso ter uma grande dose de humanidade, uma grande dose de sentido de justiça e verdade para não se cair em extremos dogmáticos, em escolasticismos frios, em isolamento das massas. Todos os dias é preciso lutar para que esse amor à humanidade viva se transforme em fatos concretos, em atos que sirvam de exemplo, de mobilização.

O revolucionário, motor ideológico da revolução dentro de seu partido, se consome nessa atividade ininterrupta que só tem fim com a morte, a menos que a construção se realize em escala mundial. Se seu afã de revolucionário se debilita quando as tarefas mais prementes se realizam em nível local e se esquece do internacionalismo proletário, a revolução que dirige deixa de ser uma força impulsionadora e desaparece numa cômoda modorra, aproveitada por nossos inimigos irreconciliáveis, o imperialismo, que ganha terreno. O internacionalismo proletário é um dever, mas é também uma necessidade revolucionária. Assim educamos o nosso povo.

Claro que há perigos presentes nas atuais circunstâncias. Não só o do dogmatismo, não só o de congelar as relações com as massas no meio da grande tarefa; existe também o perigo das debilidades em que se pode cair. Se um homem pensa que, para dedicar sua vida inteira à revolução, não pode distrair sua mente com a preocupação de que a um filho lhe falte determinado produto, que os sapatos das crianças estejam estragados, que sua família careça de determinado bem necessário, com este raciocínio deixa infiltrar-se os germes da futura corrupção.

No nosso caso, achamos que nossos filhos devem ter ou não ter o que têm ou não têm os filhos do homem comum; e nossa família deve compreender essa realidade e lutar por ela. A revolução se faz através do homem, mas o homem tem que forjar dia a dia seu espírito revolucionário.

Assim vamos avançando. À cabeça da imensa coluna – não nos envergonha nem nos intimida dizê-lo – vai Fidel; em seguida, os melhores quadros do Partido e, imediatamente depois, tão perto que se sente sua enorme força, vai o povo em seu conjunto, sólida armação de individualidades que caminham até um fim comum; indivíduos que alcançaram a consciência do que é necessário fazer; homens que lutam para sair do reino da necessidade e entrar no reino da liberdade.

Essa imensa multidão se ordena; sua ordem corresponde à consciência da necessidade dela; já não é mais uma força dispersa, divisível em milhares de frações dispersas no espaço como fragmentos de granada, tratando de alcançar por qualquer meio, em luta renhida com seus iguais, uma posição que permita apoio diante do futuro incerto.

Sabemos que há sacrifícios diante de nós e que devemos pagar um preço pelo fato heroico de constituirmos uma vanguarda como nação. Nós, dirigentes, sabemos que estamos à cabeça do povo, que está à cabeça da América. Todos e cada um de nós pagamos pontualmente uma cota de sacrifício do dever cumprido, conscientes de avançar com todos para o homem novo que se vislumbra no horizonte.

Permitam-me tentar algumas conclusões:

Nós, socialistas, somos mais livres, porque somos mais plenos; somos mais plenos por sermos mais livres. O esqueleto de nossa liberdade completa está formado, falta a substância proteica e a roupagem; nós as criaremos.

Nossa liberdade e sua sustentação cotidiana têm a cor do sangue e estão repletas de sacrifício. Nosso sacrifício é consciente; uma cota para pagar pela liberdade que construímos.

O caminho é longo e em parte desconhecido; conhecemos nossas limitações. Faremos
o homem do século XXI; nós mesmos.

Nós nos forjaremos na ação cotidiana, criando um homem novo com uma nova técnica.

A personalidade desempenha o papel de mobilização e direção na medida em que encarna as mais altas virtudes e aspirações do povo e não se afasta do caminho.

Quem abre o caminho é o grupo de vanguarda, os melhores entre os bons, o Partido.

A argamassa fundamental de nossa obra é a juventude, em quem depositamos nossa esperança e a quem preparamos para tomar de nossas mãos a bandeira. Se esta carta balbuciante esclarece algo, terá cumprido o objetivo com que a mando.

Receba nossa saudação ritual com um aperto de mãos ou uma "Ave Maria Puríssima". Pátria ou morte.

Parte II
Socialismo e economia

1
A planificação socialista: seu significado[10]

Junho de 1964

No número 32 da revista *Cuba Socialista* apareceu um artigo do companheiro Charles Bettelheim[11], intitulado "Formas e métodos da planificação socialista e nível de desenvolvimento das forças produtivas". Esse artigo toca pontos de inegável interesse, mas tem além disso, para nós, a importância de estar destinado à defesa do chamado cálculo econômico e das categorias que este sistema supõe dentro do setor socialista, tais como o dinheiro em função de meio de pagamento, o crédito, a mercadoria etc.

Consideramos que nesse artigo se cometeram dois erros fundamentais, que vamos expor a seguir:

O primeiro se refere à interpretação da necessária correlação que deve existir entre as forças produtivas e as relações de produção. Nesse ponto o companheiro Bettelheim toma exemplos dos clássicos do marxismo.

Forças produtivas e relações de produção são dois mecanismos que marcham unidos indissoluvelmente em todos os processos médios do desenvolvimento da sociedade.

Em que momentos as relações de produção poderiam não ser fiéis ao desenvolvimento das forças produtivas? Nos momentos de ascensão de uma sociedade que avança sobre a anterior para rompê-

-la e nos momentos de ruptura da velha sociedade, quando a nova, cujas relações de produção serão implantadas, luta por consolidar-se e destroçar a antiga superestrutura. Desta maneira, nem sempre as forças produtivas e as relações de produção, em um momento histórico dado, analisado concretamente, poderão corresponder em uma forma totalmente congruente. Esta é, precisamente, a tese que permitia a Lenin dizer que a revolução de outubro sim era uma revolução e, em um dado momento, colocar, no entanto, que devia caminhar para o capitalismo de Estado e preconizar cautela nas relações com os camponeses. O porquê da colocação de Lenin está expresso precisamente em seu grande descobrimento do desenvolvimento do sistema mundial do capitalismo.

Bettelheim diz:

> ...a alavanca decisiva para modificar o comportamento dos homens é constituída pelas mudanças levadas à produção e sua organização. A educação tem essencialmente como missão fazer desaparecer atitudes e comportamentos herdados do passado e que sobrevêm a este e assegurar a aprendizagem de novas normas de conduta impostas pelo próprio desenvolvimento das forças produtivas.

Lenin diz:

> A Rússia não alcançou esse nível de desenvolvimento das forças produtivas que torne possível o socialismo. Todos os heróis da II Internacional, e entre eles naturalmente Sucánof, exibem esta tese, como crianças com sapatos novos. Esta tese indiscutível é repetida de mil maneiras e lhes parece que é decisiva para avaliar nossa revolução. Mas o que fazer se uma situação peculiar levou a Rússia, primeiro, à guerra imperialista mundial, em que in-

tervieram todos os países mais ou menos importantes da Europa Ocidental que colocaram seu desenvolvimento na fronteira das revoluções do Oriente, que começam e que em parte já começaram, em condições em que pudemos levar à prática precisamente esta aliança da "guerra camponesa" com o movimento operário, sobre a qual, como uma das prováveis perspectivas, escreveu um "marxista" como Marx em 1856, referindo-se à Prússia? E o que devíamos fazer se uma situação absolutamente sem saída, decuplicando as forças dos operários e dos camponeses, abria diante de nós a possibilidade de passarmos de uma maneira diferente de todos os demais países do Ocidente da Europa à criação das premissas fundamentais da civilização? Mudou por causa disso a linha geral do desenvolvimento da história universal? Mudou por isso a correlação essencial das classes fundamentais em cada país que entra, que já entrou, no curso geral da história universal?
Se para implantar o socialismo se exige um determinado nível cultural (ainda que ninguém possa dizer qual é esse determinado "nível cultural", já que é diferente em cada um dos países da Europa Ocidental), por que então não podemos começar primeiro pela conquista, pela via revolucionária, das premissas para este determinado nível, e em seguida, já baseado no poder operário e camponês e no regime soviético, colocar-nos em marcha para alcançarmos os demais países?[12]

Ao expandir-se o capitalismo como sistema mundial e desenvolver-se as relações de exploração, não somente entre os indivíduos de um povo, mas também entre os povos, o sistema mundial do capitalismo que passou a ser imperialismo entra em choque e se pode romper por seu elo mais frágil. Esta era a Rússia tzarista depois da Primeira Guerra Mundial e começo da revolução, em que coexistem os cinco tipos econômicos que apontava Lenin naqueles momentos; a forma patriarcal mais primitiva da agricultura, a pequena produção mercantil – inclusive a maioria dos camponeses que vendiam seu trigo – o capitalismo privado, o capitalismo de Estado e o socialismo.

Lenin lembrava que todos esses tipos apareciam na Rússia imediatamente posterior à revolução; mas o que dá qualificação geral é a característica socialista do sistema, ainda quando o desenvolvimento das forças produtivas em determinados pontos não tenha alcançado sua plenitude. Evidentemente, quando o atraso é muito grande, a correta ação marxista deve ser a de temperar o mais possível o espírito da nova época, tendente à supressão da exploração do homem pelo homem, com as situações concretas desse país; e assim fez Lenin na Rússia recém-libertada do tzarismo e se aplicou como norma na União Soviética.

Julgamos que toda esta argumentação, absolutamente válida e extraordinária por sua perspicácia naquele momento, é aplicável a situações concretas em determinados momentos históricos. Depois daqueles fatos, sucederam coisas de tal transcendência como o estabelecimento de todo o sistema mundial do socialismo, com cerca de um bilhão de habitantes, um terço da população do mundo. O avanço contínuo de todo o sistema socialista influencia a consciência das pessoas em todos os níveis. E em Cuba, em um momento de sua história, aparece a definição que não precedeu, de forma alguma, ao fato real de que já existiam as bases econômicas estabelecidas para esta afirmação.

Como se pode concretizar a passagem para o socialismo, em um país colonizado pelo imperialismo, sem nenhum desenvolvimento de suas indústrias básicas em uma situação de monocultura, dependente de um único mercado? Cabem aqui as seguintes afirmações: os teóricos da II Internacional declararam que Cuba rompeu com todas as leis da dialética, do materialismo histórico, do marxismo, e que, portanto, não é um país socialista e deve voltar à sua situação anterior.

Pode-se ser mais realista e, em virtude disso, buscar nas relações de produção de Cuba os motores internos que provocaram a revolução atual. Mas, naturalmente, isso levaria à demonstração de que há muitos países na América e em outros lugares do mundo, onde a revolução é muito mais factível do que era em Cuba.

Resta a terceira explicação, exata a nosso juízo, de que o grande marco do sistema mundial do capitalismo em luta contra o socialismo, um de seus elos frágeis, neste caso concreto, Cuba, pode ser rompido. Aproveitando circunstâncias históricas excepcionais e sob a acertada direção de sua vanguarda, em um momento dado, tomam o poder as forças revolucionárias e, baseadas em que já existem condições objetivas suficientes quanto à socialização do trabalho, queimam etapas, decretam o caráter socialista da revolução e empreendem a construção do socialismo.

Esta é a forma dinâmica, dialética, em que nós vemos e analisamos o problema da necessária correlação entre as relações de produção e o desenvolvimento das forças produtivas. Uma vez realizada a Revolução Cubana, que não pode escapar à análise, nem ficar omitida, quando se faz a pesquisa sobre nossa história, chegamos à conclusão de que em Cuba se fez uma revolução socialista e que, portanto, havia condições para isso. Porque realizar uma revolução sem condições, chegar ao poder e decretar o socialismo por um passe de mágica, é algo que não está previsto por nenhuma teoria e não creio que o companheiro Bettelheim vá apoiá-la.

O fato concreto do nascimento do socialismo nestas novas condições se explica porque o desenvolvimento das forças produtivas se chocou com as relações de produção antes do racionalmente esperado para um país capitalista isolado. O que acontece? Que a vanguarda dos movimentos revolucionários, influenciada cada vez mais pela ideologia marxista-leninista, é capaz de prever em sua sua consciência toda uma série de passos a realizar e forçar a marcha dos acontecimentos, mas forçá-los dentro do que objetivamente é possível. Insistimos muito sobre este ponto, porque é uma das falhas fundamentais do argumento expresso por Bettelheim.

Se partimos do fato concreto de que não se pode realizar uma revolução senão quando há contradições fundamentais entre o desenvolvimento das forças produtivas e as relações de produção, temos que admitir que em Cuba ocorreu esse fato e temos que admitir, também, que esse fato empresta características socialistas à Revolução Cubana, ainda quando analisadas objetivamente, em seu interior, haja toda uma série de forças que ainda estão em um estado embrionário e não se tenham desenvolvido ao máximo. Mas se, nessas condições, se produz e triunfa a revolução, como utilizar depois o argumento da necessária e obrigatória concordância, que se faz mecânica e estreita, entre as forças produtivas e as relações de produção, para defender, por exemplo, o cálculo econômico e atacar o sistema de empresas consolidadas que nós praticamos?

Dizer que a empresa consolidada é uma aberração equivale, aproximadamente, a dizer que a Revolução Cubana é uma aberração. São conceitos do mesmo tipo e poderiam basear-se na mesma análise. O companheiro Bettelheim nunca disse que a revolução socialista não seja autêntica, mas diz sim que nossas relações de produção atuais não correspondem ao desenvolvimento das forças produtivas e, portanto, prevê grandes fracassos.

A separação na aplicação do pensamento dialético destas duas categorias de magnitude diferente, mas da mesma tendência, provoca o erro do companheiro Bettelheim. As empresas consolidadas nasceram, se desenvolveram e continuam desenvolvendo-se porque podem fazê-lo; é a verdade óbvia da prática. Se o método administrativo é ou não o mais adequado, tem pouca importância, em última análise, porque as diferenças entre um método e outro são fundamentalmente quantitativas. As esperanças em nosso sistema estão dirigidas para o futuro, para um desenvolvimento mais acelerado da consciência e, através da consciência, das forças produtivas.

O companheiro Bettelheim nega esta ação particular da consciência, baseando-se nos argumentos de Marx de que esta é um produto do meio social e não ao contrário; e nós tomamos a análise marxista para lutar contra Bettelheim, ao dizer-lhe que isso é absolutamente certo mas que, na época do imperialismo, a consciência também adquire características mundiais. E que esta consciência de hoje é o produto do desenvolvimento de todas as forças produtivas no mundo e o produto do ensinamento e da educação da União Soviética e dos demais países socialistas sobre as massas de todo o mundo.

Nessa medida deve considerar-se que a consciência dos homens de vanguarda de um país dado, baseada no desenvolvimento geral das forças produtivas, pode visualizar os caminhos adequados para levar ao triunfo uma revolução socialista em um determinado país, ainda que, em seu nível, não existam objetivamente as contradições entre o desenvolvimento das forças produtivas e as relações de produção que tornariam imprescindível ou possível uma revolução (analisado o país como um todo único e isolado).

Até aqui chegaremos neste raciocínio. O segundo erro grave cometido por Bettelheim é a insistência em atribuir à estrutura jurídica uma possibilidade de existência própria. Em sua análise ele se refere insistentemente à necessidade de levar em conta as relações de produção para o estabelecimento jurídico da propriedade. Pensar que a propriedade jurídica, ou melhor, a superestrutura de um Estado dado, em um momento dado, foi imposta contra as realidades das relações de produção, é negar precisamente o determinismo em que ele se baseava para expressar que a consciência é um produto social. Naturalmente, em todos esses processos, que são históricos, que não são físico-químicos, realizando-se em milésimos de segundo, mas que se produzem no longo caminhar da humanidade, há toda uma série de aspectos das relações de produção que nesse momento caracterizam o país; o que não quer dizer que serão destruídas com o tempo, quando as novas relações se impuserem sobre as velhas, mas não ao contrair, que seja possível mudar a superestrutura sem mudar previamente as relações de produção.

O companheiro Bettelheim insiste reiteradamente em que a natureza das relações de produção é determinada pelo grau de desenvolvimento das forças produtivas e que a propriedade dos meios de produção é a expressão jurídica e abstrata de algumas relações de produção, escapando-lhe o fato fundamental de que isto é perfeitamente adaptado a uma situação geral (seja sistema mundial ou país), mas que não se pode estabelecer a mecânica microscópica que ele pretende, entre o nível de desenvolvimento das forças produtivas em cada região ou em cada situação e as relações jurídicas de propriedade.

Ataca os economistas que pretendem ver na propriedade dos meios de produção por parte do povo uma expressão do socialismo, dizendo que estas relações jurídicas não são base para nada. De certa maneira ele poderia ter razão em relação à palavra *base*, mas o essencial é que as relações de produção e o desenvolvimento das forças produtivas se chocam em um momento dado e esse choque não é mecanicamente determinado por uma acumulação de forças econômicas, mas é uma soma quantitativa e qualitativa, acumulação de forças conflitivas do ponto de vista do desenvolvimento econômico, o transbordamento de uma classe social por cima da outra, do ponto de vista político e histórico. Isto é, nunca se pode desligar a análise econômica do fato histórico da luta de classes (até se chegar à sociedade perfeita). Por esse motivo, para o homem, expressão viva da luta de classes, a base jurídica que representa a superestrutura da sociedade em que vive tem características concretas e expressa uma verdade palpável. As relações de produção, o desenvolvimento das forças produtivas, são fenômenos econômico-tecnológicos que se vão acumulando no transcurso da história. A propriedade social é a expressão palpável dessas relações, assim como a mercadoria concreta é a expressão das relações entre os homens. A mercadoria existe porque há uma sociedade mercantil onde se produziu uma divisão de novo tipo, em que os expropriadores foram expropriados e a propriedade social substitui a antiga, individual, dos capitalistas.

Esta é a linha geral que deve seguir o período de transição. As relações pormenorizadas entre uma ou outra camada da sociedade somente tem interesse para determinadas análises concretas; mas a análise teórica deve abarcar o grande marco que enquadra as relações novas entre os homens, a sociedade em trânsito para o socialismo.

Partindo destes erros fundamentais de conceito, o companheiro Bettelheim defende a identidade obrigatória, exatamente encaixada entre o desenvolvimento das forças produtivas em cada momento dado e em cada região dada e as relações de produção e, ao mesmo tempo, transplanta estas mesmas relações ao fato da expressão jurídica.

Qual é a finalidade? Vejamos o que diz Bettelheim:

> Nestas condições, o raciocínio que parte exclusivamente da noção geral de "propriedade estatal" para designar as diferentes formas superiores da propriedade socialista, pretendendo reduzir esta a uma realidade única, tropeça com dificuldades insuperáveis, sobretudo quando se trata de analisar a circulação das mercadorias no interior do setor socialista do Estado, o comércio socialista, o papel da moeda etc.

Em seguida, analisando a divisão que Stalin faz em duas formas de propriedade, afirma:

> Este ponto de partida jurídico e as análises que se derivam do mesmo levam à negação do caráter necessariamente mercantil, no momento presente, das mudanças entre empresas socialistas do Estado e tornam incompreensíveis, no plano teórico, a natureza das compras e das vendas efetuadas entre empresas estatais, a natureza da moeda, dos preços, da contabilidade econômica, da autonomia financeira etc. Estas categorias se encontram assim privadas de todo conteúdo social real. Aparecem como formas abstratas ou como procedimentos técnicos mais ou menos arbitrários e não como a expressão destas leis econômicas objetivas, cuja necessidade destacava, por outro lado, o próprio Stalin.

Para nós, o artigo do companheiro Bettelheim, apesar de manifestamente tomar partido contra as ideias que expressamos em algumas oportunidades, tem inegável importância, por ser de um economista de profundos conhecimentos e de um teórico do marxismo. Partindo de uma situação de fato, para fazer uma defesa, em nossa opinião não bem meditada, do uso das categorias inerentes ao capitalismo no período de transição e da necessidade da propriedade individualizada dentro do setor socialista, ele revela que é incompatível a análise pormenorizada das relações de produção e da propriedade social seguindo a linha marxista – que poderíamos chamar de ortodoxa – com a manutenção destas categorias e observa que há aí algo de incompreensível.

Julgamos exatamente o mesmo, somente que nossa conclusão é diferente: pensamos que a inconsequência dos defensores do cálculo econômico se baseia em que, seguindo a linha de análise marxista, ao chegar a um ponto dado, tem que dar um salto (deixando "o elo perdido" no meio) para cair em uma nova posição, a partir da qual continuam sua linha de pensamento. Concretamente, os defensores do cálculo econômico nunca explicaram corretamente como se sustenta em sua essência o conceito de mercadoria no setor estatal ou como se faz um uso "inteligente" da lei do valor no setor socialista com mercados distorcidos.

Observando a inconsequência, o companheiro Bettelheim retoma os termos, inicia a análise por onde devia acabar – pelas atuais relações jurídicas existentes nos países socialistas e pelas categorias que subsistem – constata o fato real e certo de que existem essas categorias jurídicas e essas categorias mercantis e conclui daí, pragmaticamente, que se existem é porque são necessárias e, partindo dessa base, retrocede, em forma analítica, para chegar ao ponto onde se chocam a teoria e a prática. Neste ponto, dá uma nova interpretação da teoria, submete a análise a Marx e a Lenin e tira sua própria interpretação, com as bases errôneas que apontamos, o que lhe permite formular um processo consequente de um extremo a outro do artigo.

Ele esquece aqui, no entanto, que o período de transição é historicamente jovem. No momento em que o homem alcança a plena compreensão do fato econômico e o domina, mediante o plano, está sujeito a inevitáveis erros de apreciação. Por que pensar que o que "é", no período de transição, necessariamente "deve ser"? Por que justificar que os golpes dados pela realidade a certas audácias são produto exclusivo da audácia e não também, em parte ou totalmente, de falhas técnicas de administração?

Parece-nos que é ver importância demais na planificação socialista, com todos os defeitos de técnica que estes possam ter, pretender, como faz Bettelheim, que:

> Disso decorrem a impossibilidade de realizar de maneira satisfatória, isto é, eficaz, uma repartição integral, *a priori*, dos meios de produção e dos produtos em geral e a necessidade do *comércio socialista* e dos organismos comerciais do Estado. Daí se originam também o papel da moeda no interior do próprio setor socialista, o papel da lei do valor e um sistema de preços que deve refletir *não somente* o custo social dos diferentes produtos, *mas também* expressar as relações entre a oferta e a demanda desses produtos e assegurar, enfim, o equilíbrio entre esta oferta e esta demanda, quando o plano não pode assegurá-lo *a priori* e quando o emprego de medidas administrativas para

realizar este equilíbrio comprometeria o desenvolvimento das forças produtivas. Considerando nossas debilidades (em Cuba), apontávamos, no entanto, nossa tentativa de definição fundamental: Negamos a possibilidade do uso consciente da lei do valor, baseados na não existência de um mercado livre que expresse automaticamente a contradição entre produtores e consumidores; negamos a existência da categoria mercadoria na relação entre empresas estatais e consideramos todos os estabelecimentos como parte da única grande empresa que é o Estado (ainda que, na prática, não aconteça assim em nosso país). A lei do valor e o plano são dois termos ligados por uma contradição e sua solução; podemos, então, dizer que a planificação centralizada é o modo de ser da sociedade socialista, sua categoria definitória e o ponto em que a consciência do homem consegue, finalmente, sintetizar e dirigir a economia na direção da sua meta, a plena libertação do ser humano no âmbito da sociedade comunista.

Relacionar a unidade de produção (sujeito econômico para Bettelheim) com o grau físico de integração é levar o mecanismo a seus últimos extremos e negar-nos a possibilidade de fazer o que tecnicamente os monopólios norte-americanos já haviam feito em muitos ramos da indústria cubana. É desconfiar excessivamente de nossas forças e capacidades.

O que pode então chamar-se de "unidade de produção" (e que constitui um verdadeiro sujeito econômico) varia evidentemente segundo o motor do desenvolvimento das forças produtivas. Em certos ramos da produção, onde a integração das atividades é suficientemente impulsionada, o próprio ramo pode constituir uma "unidade de produção". Pode ser assim, por exemplo, na indústria elétrica baseada na interconexão, porque isso permite uma direção centralizada única de todo o ramo.

Ao ir desenvolvendo pragmaticamente nosso sistema, chegamos a visualizar certos problemas já examinados e tratamos de resolvê-los, sendo o mais consequente possível – na medida em que nossa preparação permita – com as grandes ideias expressas por Marx e Lenin. Isso nos levou a buscar a solução à contradição existente na economia política marxista do período de transição. Ao tratar de superar essas contradições, que somente podem ser freios transitórios ao desenvolvimento do socialismo, porque de fato existe a sociedade socialista, pesquisamos os métodos organizativos mais adequados à prática e à teoria, que nos permitam impulsionar ao máximo, mediante o desenvolvimento da consciência e da produção, a nova sociedade; esse é o capítulo que nos interessa hoje. Para concluir:

1) Opinamos que Bettelheim comete dois erros crassos no método de análise:

   a) Ao transferir mecanicamente o conceito da necessária correspondência entre relações de produção e desenvolvimento das forças produtivas, de validez global, ao "microcosmo" das relações de produção em aspectos concretos de um país dado, durante o período de transição, e ao extrair assim conclusões apologéticas, impregnadas de pragmatismo, sobre o cálculo econômico.

   b) Ao fazer a mesma análise mecânica quanto ao conceito de propriedade.

2) Portanto, não estamos de acordo com sua opinião de que a autogestão financeira ou a autonomia contável "estão ligadas a um esta-

do dado das forças produtivas", consequência de seu método de análise.

3) Negamos seu conceito de direção centralizada baseada na centralização física da produção (coloca o exemplo de uma rede elétrica interconectada) e o aplicamos à centralização das decisões econômicas principais.

4) Não julgamos correta a explicação do porquê da necessária vigência irrestrita da lei do valor e de outras categorias mercantis durante o período de transição, embora não negássemos a possibilidade de usar elementos desta lei para fins comparativos (custo, rentabilidade expressa em dinheiro aritmético).

5) Para nós, "a planificação centralizada é o modo de ser da sociedade socialista" etc. e, portanto, lhe atribuímos muito maior poder de decisão consciente do que Bettelheim.

6) Consideramos de muita importância teórica o exame das inconsequências entre o método clássico de análise marxista e a sobrevivência das categorias mercantis no setor socialista, aspecto que deve aprofundar-se mais.

7) Aos defensores do "cálculo econômico" cabe, a propósito deste artigo, aquela afirmação: "De nossos amigos me guarde Deus, que dos inimigos me defendo eu".

2
Sobre o sistema orçamentário de financiamentos[13]

Fevereiro de 1964

Introdução

Já falou algo sobre o tema, mas não suficientemente, e eu considero que é imperativo começar a fazer análises mais profundas sobre o mesmo, para poder se dar uma ideia clara de seu alcance e metodologia.

Ele tem sua sanção oficial na *Lei reguladora do sistema orçamentário de financiamento das empresas estatais* e seu batismo no processo de trabalho interno do Ministério da Indústria.

Sua história é curta e remonta apenas ao ano de 1960, em que começa a adquirir alguma consistência; mas não é nosso propósito analisar seu desenvolvimento mas o sistema tal como se apresenta agora, considerando que não terminou sua evolução, muito pelo contrário.

Nosso interesse é fazer a comparação com o chamado cálculo econômico; desse sistema nós colocamos ênfase no aspecto da autogestão financeira, por ser uma característica fundamental de diferenciação e na atitude diante do estímulo material, pois baseado nesta se estabelece aquela.

A explicação das diferenças se torna difícil, pois estas são, constantemente, obscuras e sutis e, além disso, o estudo do sistema orçamentário de financiamento não foi aprofundado suficientemente para que a exposição possa competir com clareza com a do cálculo econômico.

Começaremos com algumas citações. A primeira é dos manuscritos econômicos de Marx, da época em que sua produção foi batizada como de *Marx, o jovem*, quando, inclusive na sua linguagem, o peso das ideias filosóficas que contribuíram para a sua formação era muito notada e suas ideias sobre a economia eram mais imprecisas. No entanto, Marx estava na plenitude de sua vida, já havia abraçado a causa dos humildes e a explicava filosoficamente, ainda no rigor científico de *O capital*. Pensava mais como filósofo e, portanto, se referia mais concretamente ao homem como indivíduo humano e aos problemas de sua libertação como ser social, sem entrar ainda na análise da inevitabilidade do esfacelamento das estruturas sociais da época, para dar lugar ao período de transição: a ditadura do proletariado. Em *O capital*, Marx se apresenta como o economista científico que analisa minuciosamente o caráter transitório das épocas sociais e sua identificação com as relações de produção; não dá lugar às especulações filosóficas.

O peso deste monumento da inteligência humana é tal que nos fez esquecer frequentemente o caráter humanista (no melhor sentido da palavra) de suas inquietações. A mecânica das relações de produção e sua consequência; a luta de classes esconde até certo ponto o fato objetivo de que são homens os que se movem no ambiente histórico. Interessa-nos agora o homem e a citação que fazemos de Marx, apesar de ser da fase da juventude, nem por isso tem menos valor como expressão do pensamento do filósofo.

> Consideramos o comunismo como superação positiva da propriedade privada, como autoalienação humana e, portanto, como real apropriação

da essência humana pelo homem e para o homem, portanto, como o retorno total, consciente e realizado dentro de toda a riqueza do desenvolvimento anterior do homem para si como um homem social, isto é, humano. Este comunismo, como naturalismo acabado = humanismo e como humanismo acabado = naturalismo, é a verdadeira solução do conflito entre o homem e a natureza e do homem contra o homem, a verdadeira solução da luta entre a existência e a essência, entre a objetivação e a afirmação de si mesmo, entre a liberdade e a necessidade, entre o indivíduo e a espécie. É o segredo revelado da história e tem *consciência* de ser esta solução[14].

A palavra *consciência é* sublinhada por considerá-la básica na colocação do problema. Marx pensava na libertação do homem e via o comunismo como a solução das contradições que produziram sua alienação, mas como um ato consciente. Isto é, não se pode ver o comunismo meramente como o resultado de contradições de classe em uma sociedade de alto desenvolvimento, que fossem ser resolvidas em uma etapa de transição para alcançar a cúpula; o homem é o ator consciente da história. Sem esta *consciência,* que engloba a de seu ser social, não pode haver comunismo.

Durante a elaboração de *O capital*, não abandonou sua atitude militante; quando em 1875 se realizou o Congresso de Gotha para a unificação das organizações operárias existentes na Alemanha (Partido Operário Social-Democrata e Associação Geral de Operários Alemães) e se elaborou o programa do mesmo nome sua resposta foi a *Crítica do Programa de Gotha*.

Esse escrito, realizado em meio de seu trabalho fundamental e com uma clara orientação polêmica, tem importância devido a que nele toca, ainda que de passagem, no tema do período de transição. Na análise do ponto 3 do Programa de Gotha se estende um pouco sobre alguns dos temas mais importantes desse período, considerado por ele como o resultado da desarticulação do sistema capitalista desenvolvido. Nessa etapa não se prevê o uso do dinheiro, mas sim a retribuição individual do trabalho, porque:

> Trata-se aqui não de uma sociedade comunista que se desenvolveu sobre sua própria base, mas de uma que acaba de sair precisamente da sociedade capitalista e que, portanto, apresenta ainda em todos os seus aspectos, no econômico, no moral e no intelectual, o selo da velha sociedade de cujas entranhas procede. Congruentemente com isso, nela o produtor individual obtém da sociedade – depois de feitas as devidas deduções – exatamente o que lhe deu. O que o produtor deu à sociedade em sua cota individual de trabalho[15].

Marx só pôde intuir o desenvolvimento do sistema imperialista mundial; Lenin o ausculta e dá seu diagnóstico:

> A desigualdade do desenvolvimento econômico e político é uma lei absoluta do capitalismo. Daqui se deduz que é possível que a vitória do socialismo comece por alguns países capitalistas ou, inclusive, por um único país capitalista. O proletariado triunfante desse país, depois de expropriar os capitalistas e de organizar a produção socialista dentro de suas fronteiras, enfrentaria o resto do mundo, o mundo capitalista atraindo para seu lado as classes oprimidas dos demais países, levantando neles a insur-

reição contra os capitalistas, empregando, em caso de necessidade, inclusive a força das armas contra as classes exploradoras e seus estados. A forma política da sociedade em que triunfar o proletariado, derrotando a burguesia, será a república democrática, que centralizará cada vez mais as forças do proletariado dessa nação ou dessas nações na luta contra os estados que ainda não tenham passado ao socialismo. É impossível suprimir as classes sem uma ditadura da classe oprimida, do proletariado. A livre-união das nações no socialismo é impossível sem uma luta tenaz, mais ou menos prolongada, das repúblicas socialistas contra os estados atrasados[16].

Poucos anos mais tarde, Stalin sistematizou a ideia até ao extremo de considerar possível a revolução socialista nas colônias:

> A terceira contradição é a contradição entre um punhado de nações "civilizadas" dominadoras e centenas de milhões de homens dos povos coloniais e dependentes no mundo. O imperialismo é a exploração mais descarada e a mais desumana das centenas de milhões de habitantes das imensas colônias e países dependentes. Extrair superlucros: tal é o objetivo dessa exploração e dessa opressão. Mas, ao explorar esses países, o imperialismo se vê obrigado a construir neles estradas de ferro, fábricas e oficinas, centros industriais e comerciais. A aparição da classe dos proletários, a formação de uma intelectualidade do país, o despertar da consciência nacional, o incremento do movimento de libertação, são outros tantos resultados inevitáveis dessa "política".

O incremento do movimento revolucionário em todas as colônias e em todos os países dependentes, sem exceção, atesta isso de um modo primário. Esta circunstância é importante para o proletariado no sentido de que mina em suas raízes as posições do capitalismo, convertendo as colônias e os países dependentes de reservas do imperialismo em reservas da revolução proletária[17].

Estamos diante de um fenômeno novo: o surgimento da revolução socialista em um único país, economicamente atrasado, com vinte e dois milhões de quilômetros quadrados, pouca densidade de população, a exacerbação da pobreza pela guerra e, como se tudo isso fosse pouco, a agressão das potências imperialistas.

Depois de um período de comunismo de guerra, Lenin estabelece as bases da NEP[18] e, com ela, as bases do desenvolvimento da sociedade soviética até os nossos dias.

Aqui é necessário assinalar o momento que vivia a União Soviética e ninguém melhor do que Lenin para isso:

> Assim, então, em 1918, eu mantinha a opinião de que o capitalismo de Estado constituía um passo adiante em comparação com a situação econômica existente então na República Soviética. Isso soa muito estranho e, certamente, até absurdo, porque nossa república já era então uma república socialista; adotamos então cada dia com a maior pressa – talvez com uma pressa excessiva – diversas medidas econômicas novas, que não podiam ser qualificadas senão de medidas socialistas. E, no entanto, achava que o capitalismo de Estado representava

um passo adiante, em comparação com aquela situação econômica da República Soviética e explicava esta ideia enumerando simplesmente os elementos do regime econômico da Rússia. Estes elementos eram, na minha opinião, os seguintes: 1) forma patriarcal, isto é, mais primitiva, da agricultura; 2) pequena produção mercantil (incluída a maioria dos camponeses que vendem seu trigo); 3) capitalismo privado; 4) capitalismo de Estado e 5) socialismo. Todos estes elementos econômicos existiam naquele momento na Rússia. Propus-me então a tarefa de explicar as relações que existiam entre esses elementos e se não seria oportuno considerar alguns dos elementos não socialistas, precisamente o capitalismo de Estado, superiores ao socialismo. Repito: a todos parece muito estranho que um elemento não socialista seja apreciado dessa forma e considerado superior ao socialismo em uma república que se proclama socialista. Mas vocês compreenderão a questão se se recordarem que nós não considerávamos, de forma alguma, o regime econômico da Rússia como algo homogêneo e altamente desenvolvido, mas que tínhamos plena consciência de que ao lado da forma socialista existia na Rússia a agricultura patriarcal, isto é, a forma primitiva de economia agrícola. Que papel podia desempenhar o capitalismo de Estado em tal situação?

Depois de haver sublinhado que já em 1918 considerávamos o capitalismo de Estado como uma possível linha de retirada, passo a analisar os resultados de nossa nova política econômica. Repito: então era ainda uma ideia muito vaga; mas em 1921, depois de haver superado a etapa mais importante da guerra civil e de tê-la superado vitoriosamente, enfrentamos uma grande crise política interna – suponho que seja a maior – da Rússia Soviética, crise que suscitou o descontentamento não apenas de uma parte considerável dos camponeses, mas também dos operários. Foi a primeira vez – e espero que seja a última na história da Rússia Soviética – que grandes massas de camponeses estavam contra nós, não de modo consciente, mas instintivo, por seu estado de ânimo. A que se devia esta situação tão original e, claro, tão desagradável para nós? A causa consistia em que havíamos avançado excessivamente em nossa ofensiva econômica, em que não nos havíamos assegurado uma base suficiente, em que as massas sentiam o que nós não soubemos então formular de maneira consciente, mas que muito logo, umas semanas depois, reconhecemos: que a passagem direta a formas puramente socialistas de economia, à distribuição puramente socialista, era superior a nossas forças e que, se não estávamos em condições de efetuar uma retirada, para limitar-nos a tarefas mais fáceis, corríamos o perigo de bancarrota[19].

Como se vê, a situação econômica e política da União Soviética realizava a necessária retirada de que falava Lenin. Por isso pode se caracterizar toda essa política como uma tática estreitamente ligada à situação histórica do país e, portanto, não se deve atribuir validez universal a todas suas afirmações. Parece-nos que é preciso considerar dois fatores de extraordinária importância para sua implantação em outros países:

1º) As características da Rússia tzarista, no momento da revolução, inclusive o desenvolvimento da técnica em todos os níveis, o caráter especial de seu povo, as condições gerais do país, às quais se acrescentam os destroços de uma guerra mundial, as devastações das hordas brancas e dos invasores imperialistas.

2º) As características gerais da época, no que se refere às técnicas de direção e de controle da economia.

Oscar Lange, em seu artigo "Os problemas atuais da ciência econômica na Polônia", diz o seguinte:

> A ciência econômica burguesa desempenha ainda outra função. A burguesia e também os monopólios não destinam grandes recursos à criação de escolas de nível superior e institutos de análises científicas no campo das ciências econômicas só com o objetivo de ter neles uma ajuda para os economistas, isto é, uma ajuda na solução dos numerosos problemas conexos com a política econômica. No período do capitalismo de competição as tarefas neste campo eram limitadas, referentes apenas à administração financeira, à política monetária e creditícia, à política alfandegária, aos transportes etc. Mas nas condições do capitalismo de monopólio e especialmente nas condições de crescente penetração do capitalismo de Estado na vida econômica, os problemas deste gênero crescem. Podemos enumerar alguns: a análise do mercado para facilitar a política de preços dos grandes monopólios; os métodos de um conjunto de empresas industriais de direção centralizada; as recíprocas regulamentações de contabilidade entre estas empresas, a ligação programada de sua

atividade e desenvolvimento, de sua correspondente localização, da política de amortizações ou investimentos. De tudo isso resultam as questões relacionadas com a atividade do Estado capitalista no período atual, do mesmo modo que os critérios de atividade das indústrias nacionalizadas, de sua política de investimentos e localização (p. ex., no campo da energética), do modo de intervenção político-econômica no conjunto da economia nacional etc. A todos estes problemas se acrescentou uma série de aquisições técnico-econômicas, as quais, em certos campos como, por exemplo, na análise do mercado ou na programação da atividade das empresas que formam parte de um grupo ou nos regulamentos de contabilidade no interior de cada fábrica ou do grupo, nos critérios de amortização e outros, podem ser parcialmente utilizados por nós no processo de edificação do socialismo (como sem dúvida as utilizarão no futuro os trabalhadores dos países atualmente capitalistas quando se efetuar a passagem para o socialismo).

Deve-se notar que Cuba não havia efetuado sua passagem nem sequer iniciado sua revolução, quando isto se escrevia. Muitos dos adiantamentos técnicos que Lange descreve existiam em Cuba; isto é, as condições da sociedade cubana daquela época permitiam o controle centralizado de algumas empresas, cuja sede era Havana ou Nova York. A Empresa Consolidada de Petróleo, formada a partir da unificação das três refinarias imperialistas existentes (Esso, Texaco e Shell), manteve e, em alguns casos, aperfeiçoou seus sistemas de controle e é considerada modelo nesse ministério. Naquelas em que não existiam a tradição centralizadora nem as condições práticas, estas foram criadas na base de uma experiência nacional, como na Empresa Consolidada de Farinha, que mereceu o primeiro lugar entre as do vice-ministério da Indústria Ligeira.

Embora a prática dos primeiros dias de governo das indústrias nos convença plenamente da impossibilidade de seguir racionalmente outro caminho, seria ocioso discutir agora se as medidas organizativas tomadas teriam dado resultados parecidos ou melhores com a implantação da autogestão em nível de unidade. O importante é que se pôde fazer em condições muito difíceis e que a centralização permitiu liquidar – na da indústria de calçados, por exemplo – uma grande quantidade de funções ineficientes e destinar seis mil operários a outros ramos da produção.

Com esta série de citações pretendemos fixar os temas que consideramos básicos para a explicação do sistema:

Primeiro, o comunismo é uma meta da humanidade que se alcança conscientemente; em seguida, a educação, a liquidação das taras da antiga sociedade na consciência das pessoas é fator de suma importância, sem esquecer, claro, que sem avanços paralelos na produção não se pode chegar nunca a essa sociedade.

Segundo, as formas de condução da economia, como aspecto tecnológico da questão, devem ser tomadas de onde estejam mais desenvolvidas e possam ser adaptadas à nova sociedade. A tecnologia da petroquímica do campo *imperialista* pode ser utilizada pelo campo socialista sem temor de *contágio* da ideologia burguesa. No ramo econômico (em tudo o que se refere a normas técnicas de direção e controle da produção) acontece o mesmo.

Seria possível, se não for considerado excessivamente pretensioso, parafrasear a Marx em sua referência à utilização da dialética de Hegel e dizer destas técnicas que foram colocadas de cabeça para cima.

Uma análise das técnicas contábeis utilizadas hoje habitualmente nos países socialistas nos mostra que entre elas e as nossas se interpõe um conceito diferencial, que poderia equivaler ao que existe no campo capitalista, entre capitalismo de competição e monopólio. Finalmente as técnicas anteriores serviram de base para o desenvolvimento de ambos os sistemas, *colocados de cabeça para cima*. Daí em diante se separam os caminhos, já que o socialismo tem suas próprias relações de produção e, portanto, suas próprias exigências.

Podemos então dizer que, como técnica, o antecessor do sistema orçamentário de financiamento é o monopólio imperialista radicado em Cuba e que havia sofrido já as variações inerentes ao longo processo de desenvolvimento da técnica de condução e controle que vai desde o início do sistema monopolista até nossos dias, em que alcança seus níveis superiores. Quando os monopolistas se retiraram, levaram seus quadros superiores e alguns intermediários; ao mesmo tempo, nosso conceito imaturo da revolução nos levou a arrasar com uma série de procedimentos estabelecidos, pelo simples fato de serem capitalistas. Isto faz com que nosso sistema não chegue ainda ao grau de efetividade que tinham as sucursais nativas dos monopólios quanto à direção e ao controle da produção; por esse caminho avançamos, limpando-o de qualquer vendaval anterior.

Diferenças gerais entre o cálculo econômico e o sistema orçamentário de financiamento

Entre o cálculo econômico e o sistema orçamentário de financiamento há diferenças de distintos graus diversos; tentaremos dividi-las em dois grandes grupos e explicá-las sumariamente. Há diferença de tipo metodológico – prático, diríamos – e diferenças de caráter mais profundo, mas cuja natureza pode fazer parecer bizantina a análise, se não se atua com grande cautela.

Convém esclarecer agora que o que nós buscamos é uma forma mais eficiente de chegar ao comunismo; não há discrepância de princípio. O cálculo econômico demonstrou sua eficácia prática e, partindo das mesmas bases, se colocam os mesmos fins; nós achamos que o esquema de ação de nosso sistema, convenientemente desenvolvido, pode elevar a eficácia da gestão econômica do Estado socialista, aprofundar a consciência das massas e dar coesão ainda maior ao sistema socialista mundial com base em uma ação integral.

A diferença mais imediata surge quando falamos da empresa. Para nós uma empresa é um conglomerado de fábricas ou unidades que têm uma base tecnológica parecida, um destino comum para sua produção ou, em algum caso, uma localização geográfica limitada; para o sistema de cálculo econômico, uma empresa é uma unidade de produção com personalidade jurídica própria. Uma central açucareira é uma empresa para aquele método e, para nós, todas as centrais açucareiras e outras unidades relacionadas com o açúcar constituem a Empresa Consolidada de Açúcar. Recentemente na URSS [sic] fizeram-se ensaios desse tipo adaptados às condições próprias desse país irmão[20].

Outra diferença é a forma de utilização do dinheiro que, no nosso sistema, só opera como dinheiro aritmético, como reflexo, em preços, da gestão da empresa, que os organismos centrais analisarão para efetuar o controle de seu funcionamento; no cálculo econômico é não apenas isto, mas também meio de pagamento que atua como instrumento indireto de controle, já que são esses fundos que permitem realizar a unidade; suas relações com o banco são similares às de um produtor privado em contato com bancos capitalistas aos quais devem explicar exaustivamente seus planos e demonstrar sua solvência. Naturalmente, neste caso não opera a decisão arbitrária mas a sujeição a um plano; as relações se efetuam entre organizações estatais.

Consequentemente, com a forma de utilizar o dinheiro, nossas empresas não têm fundos próprios; no banco existem contas separadas para extraí-los e depositá-los; a empresa pode extrair fundos, segundo o plano, da conta geral de gastos e da especial para pagar salários, mas ao efetuar um depósito, este passa automaticamente ao poder do Estado.

As empresas da maioria dos países irmãos têm fundos próprios nos bancos que os reforçam com seus créditos, pelos quais elas pagam juros, sem esquecer nunca que esses fundos *próprios,* da mesma forma que os créditos, pertencem à sociedade, expressando em seu movimento o estado financeiro da empresa.

Quanto às normas de trabalho, as empresas do cálculo econômico usam o trabalho normado por tempo e o trabalho por peça ou por hora (por empreitada); estamos tratando de levar todas as nossas fábricas ao trabalho normado por tempo, com prêmios de sobrecumprimento limitados pela tarifa da escala superior. Depois nos estenderemos sobre essa questão.

No sistema de cálculo econômico plenamente desenvolvido existe um método rigoroso de contratação, com penalidades monetárias pelo seu descumprimento e baseada em uma estrutura jurídica estabelecida depois de anos de experiência. Em nosso país ainda não existe essa estrutura, nem sequer para os organismos de autogestão como o Instituto Nacional de Reforma Agrária (Inra) e se torna particularmente difícil sua implantação pelo fato de coexistirem dois sistemas tão diferentes. Por agora existe a Comissão de Arbitragem, carente de faculdades executivas, mas cuja importância vai crescendo paulatinamente e pode ser a base de nossa estrutura jurídica no futuro. Internamente, entre organismos sujeitos ao regime de financiamento orçamentário, a decisão é fácil, pois se tomam medidas administrativas se as contas de controle estão corretas e em dia (coisa que já acontece na maioria das empresas deste ministério).

Partindo da base de que em ambos os sistemas o plano geral do Estado é a máxima autoridade, acatada obrigatoriamente, as analogias e diferenças operativas podem ser sintetizadas, no fato de que a autogestão se baseia em um controle centralizado e global, e numa descentralização mais marcada se exerce o controle indireto mediante o *rublo*, pelo banco. O resultado monetário da gestão serve como medida para os prêmios; o interesse material *é* a grande alavanca que move individual e coletivamente os trabalhadores.

O sistema orçamentário de financiamento se baseia em um controle centralizado da atividade da empresa; seu plano e sua gestão econômica são controlados por organismos centrais, em uma forma direta. Este sistema não tem fundos próprios nem recebe créditos bancários, e usa, de forma individual, o estímulo material, isto é, os prêmios e castigos monetários individuais. No momento devido usará os coletivos, mas o estímulo material direto está limitado pela forma de pagamento da tarifa salarial.

Contradições mais sutis, estímulo material *versus* consciência

Entramos aqui de cheio no campo das contradições mais sutis e que devem ser melhor explicadas. O tema do estímulo material *versus* estímulo moral deu origem a muitas discussões entre os interessados nesses assuntos. É necessário esclarecer bem uma coisa; *não negamos a necessidade objetiva do estímulo material*; somos sim resistentes a seu uso como alavanca impulsionadora fundamental. Consideramos que na economia esse tipo de alavanca adquire rapidamente categoria *per se* e logo impõe sua própria força nas relações entre os homens. É preciso não esquecer que vem do capitalismo e está destinada a morrer no socialismo.

Como nós a faremos morrer?

Pouco a pouco, mediante o gradual aumento dos bens de consumo para o povo que torna desnecessário este estímulo. E nesta concepção vemos uma mecânica excessivamente rígida. Bens de consumo, esse é o lema e é o grande formador, finalmente, de consciência para os defensores do outro sistema. Estímulo material direto e consciência são termos contraditórios, em nossa concepção.

Este é um dos pontos em que nossas discrepâncias alcançam dimensões concretas. Não se trata já de matizes; para os partidários da autogestão financeira o estímulo material direto, projetado para o futuro e acompanhando a sociedade nas diversas etapas da construção do comunismo não se contrapõe ao "desenvolvimento" da consciência; para nós, sim. É por isso que lutamos contra seu predomínio, pois significaria o atraso do desenvolvimento da moral socialista.

Se o estímulo material se opõe ao desenvolvimento da consciência, mas é uma grande alavanca para obter lucros na produção, deve-se entender que a atenção preferencial ao desenvolvimento da consciência atrasa a produção? Em termos comparativos, em uma época dada, é possível, ainda que ninguém faça os cálculos pertinentes; afirmamos que em tempo relativamente curto o desenvolvimento da consciência faz mais pelo desenvolvimento da produção do que o estímulo material, e o fazemos baseados na projeção geral do desenvolvimento da sociedade para entrar no comunismo, o que pressupõe que o trabalho deixe de ser uma penosa necessidade para se converter em um agradável imperativo. Carregada de subjetivismo, a afirmação requer a prova da experiência, e nisso estamos; se no curso dela se demonstrasse que é um freio perigoso para o desenvolvimento das forças produtivas, haverá que tomar a determinação de extirpar o mal e voltar aos caminhos já percorridos; até agora isso não aconteceu, e o método, com o aperfeiçoamento que vai produzindo na prática, adquire cada vez mais consistência e demonstra sua coerência interna.

Qual é, então, o tratamento correto ao interesse material? Pensamos que nunca se pode esquecer sua existência, seja como expressão coletiva dos desejos das massas ou como presença individual, reflexo da consciência dos trabalhadores dos hábitos da antiga sociedade. Para o tratamento do interesse material em forma coletiva não temos uma ideia bem definida até agora, devido às insuficiências do aparato de planificação que nos impedem de nos basearmos com absoluta fé nele e à impossibilidade de estruturarmos até o momento um método que permita evitar as dificuldades; o perigo maior vemos no antagonismo que se cria entre a administração estatal e os organismos de produção, antagonismo analisado pelo economista soviético Libermann, que chega à conclusão de que é preciso mudar os métodos de estímulo coletivo, deixando a antiga fórmula de prêmios baseada no cumprimento dos planos para passar a outras mais avançadas.

Embora não estejamos de acordo com ele na ênfase dada ao interesse material (como alavanca), parece-nos correta sua preocupação pelas aberrações que o conceito de *cumprimento do plano* sofreu no transcurso dos anos. As relações entre as empresas e os organismos centrais adquirem formas bastante contraditórias e os métodos usados por aquelas para obter benefícios assumem às vezes características que se afastam bastante da imagem da moral socialista.

Pensamos que se estão desperdiçando, de certa forma, as possibilidades de desenvolvimento que oferecem as novas relações de produção para acentuar a evolução do homem em direção ao *reino da liberdade*. Apontamos precisamente em nossa definição dos argumentos fundamentais do sistema a inter-relação existente entre educação e desenvolvimento da produção. Pode-se abordar a tarefa da construção da nova consciência porque estamos diante de novas formas de relações de produção e ainda que, em sentido histórico geral, a consciência seja produto das relações de produção, devem considerar-se as características da época atual cuja contradição fundamental (em níveis mundiais) é a existente entre o imperialismo e o socialismo. As ideias socialistas tocam a consciência das pessoas de todo o mundo. Por isso se pode levar à frente o desenvolvimento do estado particular das forças produtivas em um dado país.

Na URSS dos primeiros anos, o Estado Socialista caracterizava o regime, apesar das relações de tipo muito mais atrasado que existiam em seu seio. No capitalismo há restos da etapa feudal, mas é aquele sistema que caracteriza o país, de modo a triunfar nos aspectos fundamentais de sua economia. Em Cuba, o desenvolvimento das contradições entre dois sistemas mundiais permitiu o estabelecimento do caráter socialista da revolução; caráter que lhe foi dado, em um ato consciente, graças aos conhecimentos adquiridos por seus dirigentes, ao aprofundamento da consciência das massas e à correlação de forças no mundo.

Se tudo isso é possível, por que não pensar no papel da educação como ajudante pertinaz do Estado socialista na tarefa de liquidar as velhas taras de uma sociedade que morreu e leva para o túmulo suas velhas relações de produção? Vejamos Lenin:

> Por exemplo, não pode ser mais vulgar a argumentação empregada por eles e que aprenderam de memória na época do desenvolvimento da social-democracia da Europa Ocidental, de que nós não amadurecemos para o socialismo, que não existem em nosso país, como se expressam senhores "eruditos" que militam em suas filas as condições econômicas objetivas para o socialismo. E a nenhum deles passa pela imaginação perguntar-se: Mas não podia um povo que se encontrou com uma situação revolucionária como a que se formou durante a primeira guerra imperialista, não podia, sob a influência de sua situação desesperada, lançar-se a uma luta que lhe trouxesse, pelo menos, algumas perspectivas de conquistar para si condições fora das habituais para o ulterior incremento da civilização? A Rússia não alcançou esse nível de desenvolvimento das forças produtivas que torne possível o socialismo. Todos os heróis da II Internacional e, entre eles naturalmente Sucánof, exibem esta tese, como crianças com sapatos novos. Esta tese indiscutivelmente é repetida de mil maneiras e lhes parece que é decisiva para avaliar nossa revolução.
> Mas o que fazer se uma situação peculiar levou a Rússia, primeiro, à guerra imperialista mundial, em que intervieram todos os países mais ou menos importantes da Europa Ocidental que colocaram seu desenvolvimento na fronteira das revolu-

ções do Oriente, que começam e que em parte já começaram, em condições nas quais pudemos levar à prática precisamente essa aliança da "guerra camponesa" com o movimento operário, sobre a qual, como uma das prováveis perspectivas, escreveu um "marxista" como Marx em 1856, referindo-se à Prússia?
E o que devíamos fazer, se uma situação absolutamente sem saída, decuplicando as forças dos operários e camponeses, abria diante de nós a possibilidade de passarmos de uma maneira diferente que em todos os demais países do Ocidente da Europa à criação das premissas fundamentais da civilização? Mudou por causa disso o desenvolvimento da história universal? Mudou por isso a correlação essencial das classes fundamentais em cada país que entra, que já entrou, no curso geral da história universal? Se para implantar o socialismo se exige um determinado nível cultural (ainda que ninguém possa dizer qual é esse determinado "nível cultural", já que é diferente em cada um dos países da Europa Ocidental), por que, então, não podemos começar primeiro pela conquista, pela via revolucionária, das premissas para este determinado nível e, em seguida, já com base no poder operário e camponês e no regime soviético, colocar-nos em marcha para alcançarmos os demais países?[21]

Quanto à presença de forma individualizada do interesse material, nós a reconhecemos (mesmo lutando contra ela e tratando de acelerar sua liquidação mediante a educação) e a aplicamos nas normas de trabalho por tempo com prêmio e no castigo salarial subsequente ao descumprimento das mesmas.

A sutil diferença entre os partidários da autogestão e nós, sobre o tema, reside nos argumentos para pagar um salário normatizado, para o prêmio e o castigo. A norma de produção é a quantidade média de trabalho que cria um produto em determinado tempo, com a qualificação média e em condições específicas de utilização de equipamento; é a entrega de uma cota de trabalho que se faz à sociedade por parte de um de seus membros, é o cumprimento de seu dever social. Se se sobrecumprem as normas, há um maior benefício para a sociedade e se pode supor que o operário que o faça cumpre melhor seus deveres, merecendo, portanto, uma recompensa material. Aceitamos esta concepção como o mal necessário de um período transitório, mas não aceitamos que a interpretação cabal do aforismo: *De cada um segundo sua capacidade, a cada um segundo seu trabalho,* deva ser interpretado como o pagamento completo, em salário adicional, da porcentagem de sobrecumprimento de uma norma dada (há casos em que o pagamento supera a porcentagem de cumprimento, como estímulo extraordinário à produtividade individual); Marx explica bem claramente, na *Crítica do Programa de Gotha,* que uma parte considerável do salário do operário vai para itens muito distantes de sua relação imediata:

> Tomemos, em primeiro lugar, as palavras "o fruto do trabalho" no sentido do produto do trabalho; então o fruto do trabalho coletivo será a totalidade do produto social. Mas daí é preciso deduzir:
> *Primeiro*: uma parte para repor os meios de produção consumidos.
> *Segundo*: uma parte suplementar para ampliar a produção.
> *Terceiro*: o fundo de reserva ou de seguro contra acidente, transtornos devidos a fenômenos naturais etc. Estas deduções do

"fruto íntegro do trabalho" constituem uma necessidade econômica e sua magnitude será determinada segundo os meios e forças existentes e, em parte, por meio do cálculo de probabilidades; o que não pode ser feito de forma alguma é calculá-la partindo da equidade.

Sobra a parte restante do produto total, destinada a servir de meios de consumo.

Mas, antes que esta parte chegue à repartição individual, dela é preciso deduzir ainda:

Primeiro: os gastos gerais de administração, não concernentes à produção.

Nesta parte se conseguirá, desde o primeiro momento, uma redução considerabilíssima, em comparação com a sociedade atual, redução que irá aumentando à medida que a nova sociedade se desenvolver.

Segundo: a parte que se destine a satisfazer necessidades coletivas, tais como escolas, instituições sanitárias etc.

Esta parte aumentará consideravelmente desde o primeiro momento, em comparação com a sociedade atual e continuará aumentando na medida em que a sociedade se desenvolver.

Terceiro: os fundos de sustentação das pessoas não capacitadas para o trabalho etc.; em uma palavra, o que hoje compete à chamada beneficência oficial. Só depois disso podemos proceder à "repartição", isto é, ao único aspecto que, sob a influência de Lasalle e com uma concepção estreita, tem presente o programa, isto é, a parte dos meios de consumo que se reparte entre os produtores individuais da coletividade.

O "fruto íntegro do trabalho" já se transformou, imperceptivelmente, no "fruto parcial"; embora o que se tira do produtor na qualidade de indivíduo retorne a ele, direta ou indiretamente, na qualidade de membro da sociedade.

E assim como se evaporou a expressão "o fruto íntegro do trabalho", evaporou-se agora a expressão "o fruto do trabalho" em geral[22].

Tudo isso nos mostra que a amplitude dos fundos de reserva depende de uma série de decisões político-econômicas ou político-administrativas. Como todos os bens existentes na reserva saem sempre do trabalho não retribuído, devemos selecionar que decisões sobre o volume dos fundos analisados por Marx implicam mudanças nos pagamentos, isto é, variações do volume de trabalho não retribuído diretamente. A todo o exposto é preciso acrescentar que não há, ou não se conhece, uma norma matemática que determine o prêmio *justo* pelo sobrecumprimento (como tampouco o salário-base) e, portanto, deve ser baseada fundamentalmente nas novas relações sociais, na estrutura jurídica que reforce a forma de distribuição pela coletividade de uma parte do trabalho do operário individual.

Nosso sistema de normas tem o mérito de estabelecer a obrigatoriedade da capacitação profissional para ascender de uma categoria a outra, o que dará, com o tempo, uma elevação considerável do nível técnico.

O descumprimento da norma significa o descumprimento do dever social; a sociedade castiga o infrator com o desconto de uma parte de seus rendimentos. A norma não é um simples dado que marque uma medida possível ou a convenção sobre uma medida do trabalho; é a expressão de uma obrigação moral do trabalhador, *é seu dever social*. É aqui que devem se juntar a ação do controle administrativo com o controle ideológico. O grande papel do partido na unidade de produção é ser seu motor interno e utilizar todas as formas de exemplo de seus militantes para que o trabalho produtivo, a capacitação, a participação nos assuntos econômicos da unidade, sejam parte integrante da vida dos operários e se transformem em hábito insubstituível.

Acerca da lei do valor

Uma diferença profunda (pelo menos no rigor dos termos empregados) existe entre a concepção da lei do valor e a possibilidade de seu uso consciente colocada pelos defensores do cálculo econômico e a nossa.

Diz o Manual de economia política:

> Por oposição ao capitalismo, onde a lei do valor atua como força cega e espontânea que impõe aos homens, na economia socialista se tem consciência da lei do valor e o Estado e leva em conta e a *utiliza* na prática da direção planificada da economia.
> O conhecimento da ação da lei do valor e sua *utilização inteligente* ajudam necessariamente os dirigentes da economia a encaminhar racionalmente a produção, a melhorar sistematicamente os métodos de trabalho e a aproveitar as reservas latentes para produzir mais e melhor.

As palavras sublinhadas por nós indicam o espírito dos parágrafos.

A lei do valor atuaria como uma força cega mas conhecida e, portanto, controlável ou utilizável pelo homem.

Mas esta lei tem algumas características. Primeiro: está condicionada pela existência de uma sociedade mercantil. Segundo: seus resultados não são susceptíveis de medição *a priori* e devem se refletir no mercado onde intercambiam produtores e consumidores. Terceiro: é coerente em um todo, que inclui mercados mundiais e mudanças; e em alguns ramos de produção se refletem distorções no resultado total. Quarto: dado seu caráter de lei econômica, atua fundamentalmente como tendência e, nos períodos de transição, sua tendência logicamente é desaparecer.

> Alguns parágrafos depois, o *Manual* expressa: O Estado socialista utiliza a lei do valor, realizando por meio do sistema financeiro e de crédito o controle sobre a produção e a distribuição do produto social.
> O domínio da lei do valor e sua utilização em relação a um plano representam uma enorme vantagem do socialismo sobre o capitalismo. Graças ao domínio sobre a lei do valor, sua ação na economia socialista não implica o desperdício do trabalho social inseparável da anarquia da produção, própria do capitalismo. A lei do valor e as categorias relacionadas com ela – o dinheiro, o preço, o comércio, o crédito, as finanças – são utilizadas com sucesso pela URSS e pelos países de democracia popular, no interesse da construção do socialismo e do comunismo, no processo de direção planificada da economia nacional.

Isto só pode ser considerado exato quanto à magnitude total de valores produzidos para o uso direto da população e os respectivos fundos disponíveis para sua aquisição, o que poderia fazer qualquer ministro da Fazenda capitalista com umas finanças relativamente equilibradas. Dentro desse contexto cabem todas as distorções parciais da lei.

Mais adiante se observa:

> A produção mercantil, a lei do valor e o dinheiro só se extinguirão ao chegar à

fase superior do comunismo. Mas, para criar as condições que tornem possíveis a extinção da produção e circulação mercantis na fase superior do comunismo, é necessário *desenvolver* e utilizar a lei do valor e as relações monetário-mercantis durante o período de construção da sociedade comunista.

Por que *desenvolver*? Entendemos que durante certo tempo se mantenham categorias do capitalismo e que este término não pode ser determinado de antemão, mas as características do período de transição são as de uma sociedade que liquida suas velhas ataduras para ingressar rapidamente na nova etapa. A *tendência* deve ser, no nosso entendimento, liquidar o mais vigorosamente possível as antigas categorias entre as quais se incluem o mercado e o dinheiro e, portanto, a alavanca do interesse material ou, para dizê-lo melhor, as condições que provocam a existência delas. O contrário faria supor que a tarefa da construção do socialismo em uma sociedade atrasada é algo assim como um acidente histórico em que seus dirigentes, para corrigir o erro, devem dedicar-se à consolidação de todas as categorias inerentes à sociedade intermediária, ficando apenas a distribuição da renda de acordo com o trabalho e a tendência a liquidar a exploração do homem pelo homem como fundamentos da nova sociedade, o que aparece como insuficiente por si só como fator do desenvolvimento da gigantesca mudança de consciência necessária para poder enfrentar a passagem, a mudança que deverá operar-se pela ação multifacética de todas as novas relações, a educação e a moral socialista, com a concepção individualista que o estímulo material direto exerce sobre a consciência freando o desenvolvimento do homem como ser social.

Para resumir nossas divergências: consideramos a lei do valor como parcialmente existente, devido aos restos subsistentes da sociedade mercantil, que se reflete também no tipo de mudança que se efetua entre o Estado fornecedor e o consumidor; pensamos que, particularmente em uma sociedade de comércio exterior muito desenvolvido, como a nossa, a lei do valor em escala internacional deve reconhecer-se como um fato que rege as transações comerciais, mesmo dentro do campo socialista e reconhecemos a necessidade de que este comércio passe já a formas mais elevadas nos países da nova sociedade, impedindo que se aprofundem as diferenças entre países desenvolvidos e os mais atrasados pela ação do intercâmbio. O que significa dizer que é necessário encontrar as fórmulas de comércio que permitam o financiamento dos investimentos industriais nos países em desenvolvimento, mesmo que isto se contraponha aos sistemas de preços existentes no mercado mundial capitalista, o que permitirá o avanço mais equilibrado de todo o campo socialista, com as naturais consequências de limar asperezas e dar coesão ao espírito do internacionalismo proletário (o recente acordo entre Cuba e a URSS é uma mostra dos passos que se podem dar nesse sentido). Negamos a possibilidade do uso consciente da lei do valor, baseado na inexistência de um mercado livre que expresse automaticamente a contradição entre produtores e consumidores; negamos a existência da categoria *mercadoria* na relação entre empresas estatais e consideramos todos os estabelecimentos como parte da única grande empresa que é o Estado (embora, na prática, não aconteça ainda assim no nosso país). A lei do valor e o plano são dois termos ligados por uma contradição e por sua solução; podemos então dizer que a planificação centralizada é o modo de ser da sociedade socialista, sua categoria definitória e o ponto em que a consciência do homem alcança, finalmente, a plena libertação do ser humano no marco da sociedade comunista.

Sobre a formação dos preços

Na teoria da formação dos preços, temos também divergências profundas. Na autogestão se formam preços "respondendo à lei do valor", mas não se explica (até onde nossos conhecimentos alcançam) que expressão da lei do valor se toma. Parte-se do trabalho socialmente necessário para produzir um artigo dado, mas se descuida o fato de que o trabalho socialmente necessário é um conceito econômico-histórico e, portanto, mutável, não apenas em nível local (ou nacional) mas em termos mundiais; os contínuos avanços da tecnologia, consequência no mundo capitalista da competição, diminuem o gasto de trabalho necessário e, portanto, o valor do produto. Uma sociedade fechada pode ignorar as mudanças durante determinado tempo, mas sempre deveria voltar a essas relações internacionais para cotejar seu valor. Se uma sociedade dada os ignora durante longo tempo sem desenvolver fórmulas novas e exatas em sua substituição, criará interconexões internas que configuram seu próprio esquema de valor, congruente em si mesmo, mas contraditório com as tendências da técnica mais desenvolvida (exemplos são o aço e o plástico), o que pode provocar atrasos relativos de certa importância e, em todo caso, distorções à lei do valor em escala internacional que tornem incomparáveis as economias.

O *imposto de circulação* é uma ficção contábil mediante a qual se mantêm determinados níveis de rentabilidade nas empresas, encarecendo o produto para o consumidor, de tal maneira que se nivela a oferta de artigos com o fundo da demanda solvente; pensamos que é uma imposição do sistema, mas não uma necessidade absoluta e trabalhamos com fórmulas que contemplem todos esses aspectos.

Consideramos que é necessária uma estabilização global do fundo mercantil e da demanda solvente; o Ministério de Comércio Interior se encarregaria de nivelar a capacidade de compra da população com os preços das mercadorias oferecidas, considerando sempre que toda uma série de artigos de caráter fundamental para a vida do homem deve ser oferecida a preços baixos, mesmo que em outros menos importantes se compense com manifesto desconhecimento da lei do valor em cada caso concreto.

Aqui surge um grande problema: Qual será a base de formação de preços reais que adote a economia na análise das relações de produção? Poderia ser a análise do trabalho necessário em termos cubanos. Isso traria consigo distorções imediatas e a perda de visão dos problemas mundiais pelas necessárias inter-relações automáticas que se criariam. Poderia tomar-se, ao contrário, o preço mundial; isso traria a perda de visão dos problemas nacionais, já que nosso trabalho não tem produtividade aceitável em termos mundiais em quase nenhum ramo.

Propomos, como primeira abordagem do problema, que se considere a criação de índices de preços baseados no seguinte:

Todas as matérias-primas de importação terão um preço fixo, estável, com base em uma média do mercado internacional mais alguns pontos pelo custo de transporte e do aparato de Comércio Exterior. Todas as matérias-primas cubanas teriam o preço de seu custo de produção real em termos monetários. A ambos se acrescentariam os gastos de trabalho planificados mais o desgaste dos meios básicos para elaborá-las, e esse seria o preço dos produtos entregues às empresas e ao Comércio Interior, mas constantemente estariam afetados por índices que refletissem o preço dessa mercadoria no mercado mundial mais os custos de transporte e de Comércio Exterior. As empresas que operam pelo regime de financiamento orçamentário trabalhariam baseadas em seus custos planificados e não teriam benefícios; todos seriam obtidos pelo Mincin (naturalmente, isso se refere àquela parte do produto social que se realiza como mercadoria; é o fundamental como fundo de consumo); os índices nos diriam continuamente (ao aparato central e à empresa) qual é nossa real efetividade e evitaria tomar decisões equivocadas. A população não sofreria nada com todas estas mudanças, já que os preços pela mercadoria que compra estão fixados independentemente, atendendo à demanda e à necessidade vital de cada produto.

Por exemplo, para calcular o montante de um investimento, faríamos o cálculo de matérias-primas e equipamentos diretamente dos importadores, o gasto dos equipamentos de construção e montagem, o custo dos salários planificados, atendendo às possibilidades reais e uma certa margem para o custo do aparato construtor. Isso poderia dar-nos, a finalizar o investimento, três cifras: uma, o custo real em dinheiro da obra; outra, o que devia custar a obra segundo nosso planejamento; a terceira, o que deveria custar em termos de produtividade mundial. A diferença entre a primeira e a segunda se encarregaria da ineficiência do aparato construtor; a diferença entre a segunda e a terceira seria o índice, no setor de que se trate, de nosso atraso.

Isso nos permite tomar decisões fundamentais sobre o emprego alternativo de materiais, tais como o cimento, o ferro, os plásticos; os tetos de fibrocimento, alumínio ou zinco; os tubos de ferro, chumbo ou cobre; o uso de janelas de madeira, ferro ou alumínio etc.

Todas as decisões podem afastar-se do ótimo matemático atendendo a razões políticas, de comércio exterior etc., mas sempre teríamos o espelho dos fatos reais no mundo frente a nosso trabalho. Os preços nunca estarão separados de sua imagem mundial, que será mutável em determinados anos, de acordo com os avanços da tecnologia e onde cada vez terá maior proeminência o mercado socialista e a divisão internacional do trabalho, depois de obter-se um sistema socialista de preços mais lógico que o usado atualmente.

Poderíamos continuar fartamente neste interessantíssimo tema, mas que é preferível deixar aqui esboçadas algumas ideias primárias e esclarecer que tudo isso necessita uma elaboração posterior.

Os prêmios coletivos

Sobre os prêmios coletivos à gestão da empresa, queremos remeter-nos em primeiro lugar às experiências expostas por Fikriat Tabaiev:

> Qual há de ser então o índice fundamental e decisivo para se apreciar o trabalho das empresas? As pesquisas econômicas deram lugar a várias propostas nesse sentido.
> Alguns economistas propõem como índice principal a norma de acumulação; outros, o gasto de trabalho etc. A imprensa soviética refletiu em suas páginas a ampla discussão provocada por um artigo do Professor Libermann, em que se propunha como expoente fundamental do trabalho da empresa o grau de rentabilidade, a norma de acumulação e o benefício. Pensamos que, ao julgar o funcionamento de uma empresa, convém levar em conta, antes de tudo, a contribuição

feita pelo pessoal dela ao tipo dado de produção. Isto, que em última instância não se contrapõe à luta por uma rentabilidade suficientemente elevada da produção, permite concentrar melhor os esforços do processo produtivo. As organizações sociais de Tartária propuseram utilizar como índice principal a norma de valor da elaboração de cada peça. Para comprovar a possibilidade de se pôr em prática essa proposta se realizou um experimento econômico. Em 1962 foram determinadas e aprovadas as normas de valor da elaboração para a produção de todos os ramos da indústria de Tartária. Esse ano constituiu um período de transição, durante o qual o novo índice foi utilizado na planificação paralelamente ao índice da produção global. O índice baseado na norma de valor da elaboração expressa os gastos, tecnicamente justificados, nos quais se incluem o salário e os *plus* recebidos pelos operários, mais os gastos de oficina e de toda a fábrica para a produção de cada artigo.

É preciso assinalar que a aplicação deste índice não tem nada a ver com "infernais" sistemas de contabilidade do trabalho que se utilizam nos países capitalistas. Nós nos orientamos de um modo consequente, organizando de forma racional os processos laborais e não intensificando o trabalho em proporções desmesuradas. Todo o esforço encaminhado a estabelecer as normas de trabalho se realiza com a participação direta do pessoal das empresas e das organizações sociais, particularmente dos sindicatos.

Com exceção do índice da produção global, a norma de valor de elaboração não compreende a imensa maioria dos gastos materiais – trabalho pretérito materializado de outras empresas – nem o benefício, isto é, aqueles componentes do valor da produção global e mercantil que desvirtuam o verdadeiro volume da atividade produtiva da empresa. Ao refletir com mais exatidão o trabalho investido na fabricação de cada artigo, o índice que expressa a norma de valor da elaboração permite determinar de um modo mais real as tarefas relativas à elevação do rendimento, à queda dos custos e à rentabilidade do tipo dado de produção. Também é o mais conveniente do ponto de vista da planificação interfabril e para a organização do cálculo econômico dentro da empresa. Além disso, permite comparar a produtividade do trabalho em empresas afins[23].

Parece-nos muito digno de estudo da pesquisa soviética e coincidente, em alguns aspectos, com nossa tese.

Resumo de ideias sobre o sistema orçamentário de financiamento

Para fazer um resumo de nossas ideias sobre o sistema orçamentário de financiamento deve-se começar por esclarecer que é um conceito global, isto é, sua ação objetiva se exerceria quando participasse em todos os aspectos da economia, em um todo único, que, partindo das decisões políticas e passando pela Juceplan (Junta Central de Planificação), chegasse às empresas e unidades pelos canais do ministério e ali se fundisse com a população para voltar a caminhar até o órgão de decisão política, formando uma gigantesca roda bem nivelada, na qual se poderiam mudar determinados ritmos mais ou menos automaticamente, porque o controle da produção o permitiria. Os ministérios teriam a responsabilidade específica de efetuar e controlar os planos, coisa que fariam empresas e unidades, de acordo com escalas de decisão que podem ser mais ou menos elásticas, segundo a profundidade organizativa alcançada, o tipo de produção ou o momento de que se trate. A Juceplan se encarregaria dos controles globais e centrais da economia e estaria auxiliada em sua ação pelos ministérios: da Fazenda, em todo o controle financeiro, e do Trabalho, na planificação da força de trabalho.

Como tudo isso não acontece assim, descreveremos nossa realidade atual com todas as suas limitações, seus pequenos triunfos, seus defeitos e derrotas, justificadas ou justificáveis algumas, produtos de nossa inexperiência ou de falhas grosseiras outras.

A Juceplan dá somente as linhas gerais do plano e as cifras de controle daqueles produtos que se chamam básicos e dos quais tem um controle mais ou menos rigoroso. Os organismos centrais, nos quais incluímos o Ministério da Indústria, têm o controle dos produtos chamados centralizados; os outros produtos se determinam por contratação entre empresas. Depois de estabelecido e compatibilizado o plano, assinam-se os contratos – às vezes fez-se isso preliminarmente – e começa o trabalho.

O aparato central do ministério se encarrega de assegurar que a produção se cumpra em nível de empresa, e esta deve encarregar-se de que se cumpra em nível de unidade. O fundamental é que a contabilidade se consolide nestes dois pontos, na empresa e no ministério. Os meios básicos e os inventários devem se manter controlados em nível central, de tal maneira que se possam mover facilmente em todo o conjunto das unidades, de um lado para outro, aqueles recursos que por alguma circunstância permanecem imóveis em determinadas unidades. O ministério tem também autoridade para mover os meios básicos entre empresas diversas. Os fundos não têm caráter mercantil, somente se faz a correspondente anotação nos respectivos livros. Da produção se entrega uma parte diretamente à população através do Mincin e outra às unidades produtivas de outros tipos para os quais os nossos são produtos intermediários.

Nosso conceito fundamental é que em todo este processo o produto vai adquirindo valor pelo trabalho que se exerce sobre ele, mas que não há nenhuma necessidade de relações mercantis entre as empresas; simplesmente os contratos de entrega e as correspondentes ordens de compras ou o documento que deva ser exigido no momento dado significam a sanção de que se cumpriu com o dever de produzir e entregar determinado produto. O fato da aceitação de um artigo por parte de uma empresa significaria (em termos algo ideais no momento atual, é preciso reconhecê-lo) a aceitação da qualidade do produto. Este se converte em mercadoria ao mudar juridicamente de possuidor, ao entrar no consumo individual. Os meios de produção para outras empresas não constituem mercadorias, mas devem ser avaliados de acordo com os índices que anteriormente propusemos, comparando-se com o trabalho necessário na norma destinada ao consumo para se poder atribuir-lhes um preço segundo o meio básico ou a matéria-prima de que se trata.

Qualidade, quantidade e estoque devem ser cumpridos de acordo com planos trimestrais. Na unidade, esta, de acordo com suas normas de trabalho, pagaria aos operários diretamente seu salário. Fica em branco uma das partes que ainda não foi atendida: a forma de retribuir à coletividade de uma unidade produtiva por sua ação particularmente brilhante ou mais brilhante do que a média, no conjunto da economia, e de castigar ou não aquelas outras fábricas que não tenham sido capazes de cumprir adequadamente seu papel.

O sistema orçamentário de financiamento em seu estado atual

O que acontece no dia de hoje? Uma das primeiras coisas é que a fábrica não conta nunca com os abastecimentos na forma e no momento indicados, de tal maneira que ela não cumpre seus planos de produção, mas, o que é pior, recebe em muitos casos matérias-primas para processo de tecnologia diferente, produzindo mudanças na mesma que obrigam a mudanças tecnológicas; isto incide sobre os custos diretos de produção, sobre a quantidade de mão de obra, sobre os investimentos, em alguns casos, e constantemente desarmam todo o plano, obrigando a frequentes mudanças.

No momento atual, em nível ministerial, tivemos que ser meramente receptores de todas essas anomalias, registradoras delas, mas já estamos entrando na fase em que poderemos atuar sobre determinadas categorias do plano, pelo menos, para exigir que qualquer distorção seja prevista de forma contábil ou matemática e possa então controlar-se. Ainda não existem os aparatos automáticos necessários para que todos os controles se façam velozmente e os índices possam ser analisados; não existe a suficiente capacidade de análise, nem a suficiente capacidade de entrega de índices ou cifras corretas para sua interpretação.

As empresas estão unidas a suas fábricas diretamente, às vezes por telefone ou telégrafo, ou por algum delegado provincial; em outros casos, através das delegações do ministério que servem de controle; e nos municípios ou lugares econômico-políticos deste tipo funcionam os chamados CILOS, que não são senão uma reunião de administradores de unidades, vizinhas entre si, que têm a responsabilidade de analisar seus problemas e de decidir sobre pequenas ajudas mútuas cujo trâmite burocrático seria muito longo através de todos os canais e, em alguns casos, podem oferecer meios básicos, mas sempre considerando que é preciso uma consulta à empresa correspondente antes de fazer transferências definitivas.

Nos primeiros dias de cada mês chega a estatística de produção ao ministério onde se analisam até os mais altos níveis e se tomam as medidas fundamentais para corrigir os defeitos. Nos dias seguintes, vai chegando outra estatística mais elaborada que permite também ir tomando, em diversos níveis, medidas concretas para solucionar problemas.

Quais são as debilidades fundamentais do sistema? Pensamos que, em primeiro lugar, deve colocar-se a imaturidade que eles têm. Em segundo lugar, a escassez de quadros realmente capacitados em todos os níveis. Em terceiro lugar, a falta de uma difusão completa de todo o sistema e de seus mecanismos para que as pessoas comecem a compreendê-lo melhor. Podemos citar também a falta de um aparato central de planificação que funcione da mesma maneira e com absoluta hierarquia, o que poderia facilitar o trabalho. Citaremos as falhas em abastecimento de materiais, falhas no transporte, que às vezes nos obrigam a acumular produtos e, em outras, nos impedem de produzir; falhas em todo nosso aparato de controle de qualidade e nas relações (muito estreitas, muito harmônicas e muito bem definidas, como deveriam ser) com os organismos de distribuição, particularmente o Mincin; e com alguns organismos abastecedores, particularmente o Mincex e o Inra. Ainda é difícil precisar que falhas são produto de debilidades inerentes ao sistema e que outras são devidas substancialmente a nosso grau de organização atual.

A fábrica neste momento não tem, nem a empresa tampouco, um estímulo material de tipo coletivo; isto não se deve a uma ideia central de todo o esquema, mas a não haver alcançado a suficiente profundidade organizativa nos momentos atuais, para poder fazê-lo sobre outras bases que não sejam o simples cumprimento ou sobrecumprimento dos principais planos da empresa, por razões que já apontamos anteriormente.

Imputa-se ao sistema uma tendência ao burocratismo e um dos pontos nos quais se deve insistir constantemente é a racionalização de toda a máquina administrativa para que aquele seja o menos possível. Pois bem, do ponto de vista da análise objetiva, é evidente que existirá muito menos burocracia quanto mais centralizadas forem todas as operações de registro e de controle da empresa ou da unidade, de tal maneira que se todas as empresas pudessem ter centralizadas todas suas facetas administrativas, sua máquina se reduziria ao pequeno núcleo de direção da unidade e ao coletor de informações para passá-las à central.

Isso, no momento, é impossível; no entanto, temos que avançar para a criação de unidades de tamanho ótimo, coisa que facilita muito pelo sistema – se estabelecerem as normas de trabalho – de um único tipo de qualificação salarial, de maneira que se rompem as ideias estreitas sobre a empresa como centro de ação do indivíduo e há uma volta mais acentuada para a sociedade em seu conjunto.

Vantagens do sistema colocadas de forma geral

Em nossa concepção, este sistema tem as seguintes vantagens:

Primeiro, ao tender para a centralização, tende para uma utilização mais racional dos fundos com caráter nacional.

Segundo, tende para uma racionalização maior de toda a máquina administrativa do Estado.

Terceiro, esta mesma tendência à centralização obriga a criar unidades maiores dentro de limites adequados, que economizam força de trabalho e aumentam a produtividade dos trabalhadores.

Quarto, integrado em um conjunto único de normas, o referido sistema faz de todo o ministério (ou mesmo de todos os ministérios se fosse possível) uma única grande empresa estatal, na qual se pode passar de um lado para outro e ir ascendendo em ramos e em lugares diferentes sem que haja problemas salariais e simplesmente cumprindo uma escala de tipo nacional.

Quinto, contando com organismos construtores orçamentados, pode-se simplificar muito o controle dos investimentos, cuja vigilância concreta fará o investidor contratante e sua supervisão financeira, o Ministério da Fazenda.

É importante observar que vai se criando no operário a ideia geral da cooperação entre todos, a ideia de pertencer a um grande conjunto, que é a população do país; impulsiona-se o desenvolvimento de sua consciência do dever social.

É interessante a seguinte citação de Marx, que, desprovida das palavras que suponham o regime capitalista, expõe o processo de formação das tradições de trabalho, podendo-nos servir como antecedente para a construção do socialismo:

Não basta que as condições de trabalho se cristalizem em um dos polos como capital e no polo contrário como homens que não têm nada a vender senão sua força de trabalho. Nem basta tampouco obrigar a estes a vender-se voluntariamente. No transcurso da produção capitalista vai se formando uma classe operária que, à força de educação, de tradição, de costume, se submete às exigências deste regime de produção como às mais lógicas leis naturais. A organização do processo capitalista de produção já desenvolvido vence todas as resistências; a existência constante de uma superpopulação relativa mantém a lei da oferta e da demanda de trabalho no nível das necessidades de exploração do capital e a surda pressão das condições econômicas sela o poder de mando do capitalista sobre o operário. Ainda se emprega, de vez em quando, a violência direta, extraeconômica; mas só em casos excepcionais. Dentro da marcha natural das coisas, já se pode deixar o operário à mercê das "leis naturais da produção", isto é, entregue ao predomínio do capital, predomínio que as próprias condições de produção geram, garantem e perpetuam[24].

As forças produtivas estão se desenvolvendo, as relações de produção mudam; tudo está esperando a ação direta do Estado operário sobre a consciência.

Em relação ao interesse material, o que queremos conseguir com este sistema é que a alavanca não se converta em algo que obrigue o indivíduo, como indivíduo ou como coletividade de indivíduos, a lutar desesperadamente com outros para assegurar determinadas condições de produção ou de distribuição que o coloquem em condições privilegiadas. Fazer que o dever social seja o ponto fundamental no qual se apoia todo o esforço do trabalho do operário, mas vigiar o trabalho consciente de suas debilidades, premiar ou castigar, aplicando estímulos ou desestímulos materiais de tipo individual ou coletivo, quando o operário ou a unidade de produção seja ou não capaz de cumprir seu dever social. Além disso, a capacitação obrigatória para a ascensão, quando ela pode ser levada a efeito em escala nacional, provoca uma tendência geral ao estudo em toda a massa operária do país; capacitação que não se vê freada por nenhuma peculiar situação local, já que o âmbito de trabalho é todo o país, provocando consequentemente uma tendência ao aprofundamento técnico muito considerável.

Deve-se considerar, além disso, que se podem retirar facilmente, mediante uma política de subsídios, estudantes operários que se capacitem para passar a outros postos de trabalho e ir liquidando as zonas onde o trabalho vivo é maior, para criar fábricas de um tipo mais produtivo, isto é, mais de acordo com a ideia central de passar ao comunismo, à sociedade da grande produção e da satisfação das necessidades fundamentais do homem.

Faltaria a esse respeito destacar o papel educador que deveria desempenhar o partido para que o centro do trabalho se convertesse no expoente coletivo das aspirações dos trabalhadores e de suas inquietações e que fosse o lugar onde se plasmassem seus desejos de servir à sociedade.

Poder-se-ia pensar que o centro de trabalho fosse a base do núcleo político da sociedade futura, cujas indicações, transferindo-se a organismos políticos mais complexos, darão ocasião ao partido e ao governo de tomar as decisões fundamentais para a economia ou para a vida cultural do indivíduo.

Parte III
Socialismo e internacionalismo

1
Discurso no Segundo Seminário Econômico de Solidariedade Afro-asiática[25]

Argel, 24 de fevereiro de 1965

Queridos irmãos:

Cuba chega a esta conferência para elevar por si só a voz dos povos da América e, como em outras oportunidades o havíamos reiterado, também o faz em sua condição de país subdesenvolvido que, ao mesmo tempo, constrói o socialismo. Não é por casualidade que se permite à nossa representação emitir sua opinião no círculo dos povos da Ásia e da África. Uma aspiração comum, a derrota do imperialismo, nos une em nossa marcha para o futuro; um passado comum de luta contra o mesmo inimigo nos uniu ao longo do caminho.

Esta é uma assembleia dos povos em luta; ela se desenvolve em duas frentes de igual importância e exige o total de nossos esforços. A luta contra o imperialismo, para libertar-se de suas cadeias coloniais ou neocoloniais, que se leva a efeito por meio das armas políticas, das armas de fogo ou pela combinação de ambas, não está desligada da luta contra o atraso e a pobreza; ambas são etapas de um mesmo caminho que conduz à criação de uma sociedade nova, rica e justa ao mesmo tempo. É imperioso obter o poder político e liquidar as classes opressoras, mas depois é preciso enfrentar a segunda etapa da luta que adquire características mais difíceis ainda que a anterior.

Desde que os capitais monopolistas se apoderaram do mundo, mantiveram na pobreza a maioria da humanidade repartindo-se os lucros entre o grupo dos países mais fortes. O nível de vida desses países está baseado na miséria dos nossos; para elevar o nível de vida dos povos subdesenvolvidos é preciso lutar então contra o imperialismo. E cada vez que um país se desprende da árvore imperialista, está ganhando não somente uma batalha parcial contra o inimigo fundamental, mas também contribuindo para seu real debilitamento e dando um passo para a vitória definitiva.

Não há fronteiras nesta luta para a morte; não podemos permanecer indiferentes diante do que ocorre em qualquer parte do mundo; uma vitória de qualquer país sobre o imperialismo é uma vitória nossa, assim como a derrota de uma nação qualquer é uma derrota para todos. O exercício do internacionalismo proletário é não só um dever dos povos que lutam para assegurar um futuro melhor, é também uma necessidade incontornável. Se o inimigo imperialista, norte-americano ou qualquer outro, desenvolve sua ação contra os povos subdesenvolvidos e os países socialistas, uma lógica elementar determina a necessidade da aliança dos povos subdesenvolvidos e dos países socialistas; se não houvesse nenhum outro fator de união, o inimigo comum deveria se constituir nele.

Claro que estas uniões não podem ser feitas espontaneamente, sem discussões, sem que anteceda um parto, às vezes doloroso.

Cada vez que um país se liberta, como dissemos, é uma derrota do sistema imperialista mundial, mas devemos convir que o desprendimento não acontece pelo simples fato de proclamar-se uma independência ou conseguir-se uma vitória pelas armas em uma revolução; acontece quando o domínio econômico imperialista deixa de se exercer sobre um povo. Portanto, aos países socialistas interessa como coisa vital que se produzam efetivamente esses desprendimentos, e é nosso dever internacional, dever fixado pela ideologia que nos dirige, contribuir com nossos esforços para que a libertação ocorra do modo mais rápido e mais profundamente possível.

De tudo isso deve-se extrair uma conclusão: o desenvolvimento dos países que começam agora o caminho da libertação há de custar caro aos países socialistas. Dizemos isso, sem o menor ânimo de chantagem ou de espetacularidade, nem para a busca fácil de uma aproximação maior ao conjunto dos povos afro-asiáticos; trata-se de uma convicção profunda. Não pode existir socialismo se nas consciências não se opera uma mudança que provoque uma nova atitude fraternal diante da humanidade, tanto de índole individual, na sociedade em que se constrói ou está construído o socialismo, como de índole mundial em relação a todos os povos que sofrem a opressão imperialista.

Pensamos que com este espírito deve ser enfrentada a responsável ajuda aos países dependentes e que não se deve falar mais de desenvolver um comércio de benefício mútuo baseado nos preços que a lei do valor e as relações internacionais da troca desigual, produto da lei do valor, opõem aos países atrasados.

Como pode significar *benefício mútuo* vender a preços de mercado mundial as matérias-primas que custam suor e sofrimentos sem limites aos países atrasados e comprar a preços de mercado mundial as máquinas produzidas nas grandes fábricas automatizadas do presente?

Se estabelecemos esse tipo de relação entre os dois grupos de nações, devemos convir em que os países socialistas são, de alguma maneira, cúmplices da exploração colonial. Pode-se argumentar que o montante do intercâmbio com os países subdesenvolvidos constitui uma parte insignificante do comércio exterior desses países. É uma grande verdade, mas não elimina o caráter imoral da troca.

Os países socialistas têm o dever moral de liquidar sua cumplicidade tácita com os países explorados do Ocidente. O fato de hoje ser pequeno o comércio não quer dizer nada: Cuba no ano de 1959 vendia ocasionalmente açúcar a algum país do bloco socialista, sobretudo através de corretores ingleses ou de outra nacionalidade. E hoje 80% de seu comércio se desenvolve nessa área; todos os seus abastecimentos vitais vêm do campo socialista, e de fato ingressou nesse campo. Não podemos dizer que esse ingresso tenha se produzido pelo simples aumento do comércio, nem que tenha aumentado o comércio pelo fato de romper as velhas estruturas e encarar a forma socialista de desenvolvimento; ambos os extremos se tocam e uns e outros se inter-relacionam.

Nós não começamos a corrida que terminará no comunismo com todos os passos previstos, como produto lógico de um desenvolvimento ideológico que avançará com um fim determinado; as verdades do socialismo, mais as cruas verdades do imperialismo, foram forjando nosso povo e ensinando-lhe o caminho que logo adotamos conscientemente. Os povos da África e da Ásia que vão se libertando definitivamente deverão empreender esse mesmo caminho; mais cedo ou mais tarde nele entrarão, ainda que a seu socialismo se aplique hoje qualquer adjetivo de definição. Não há outra definição do socialismo, válida para nós, do que a abolição da exploração do homem pelo homem. Enquanto isto não se produzir, se estará no período de construção da sociedade socialista; e se em vez de produzir-se esse fenômeno, a tarefa da supressão da exploração se detiver ou, inclusive, retroceder nela, não será válido falar sequer de construção do socialismo.

Temos que preparar as condições para que nossos irmãos entrem direta e conscientemente na rota da abolição definitiva da exploração, mas não podemos convidá-los a entrar se nós somos cúmplices dessa exploração. Se nos perguntassem quais são os métodos para fixar preços equitativos, não poderíamos responder, não conhecemos a magnitude prática dessa questão, só sabemos que, depois de discussões políticas, União Soviética e Cuba assinaram acordos vantajosos para nós mediante os quais chegaremos a vender até cinco milhões de toneladas a preços fixos superiores aos normais no chamado mercado livre mundial açucareiro. A República Popular da China também mantém esses preços de compra.

Isso é apenas um antecedente, a tarefa real consiste em fixar os preços que permitam o desenvolvimento. Uma grande mudança de concepção consistirá em mudar a ordem das relações internacionais; não deve ser o Comércio Exterior que fixe a política mas, o contrário, ele deve estar subordinado a uma política fraternal em relação aos povos.

Analisaremos brevemente o problema dos créditos de longo prazo para desenvolver indústrias básicas. Frequentemente encontramos países beneficiários que se esforçam por fundar bases industriais desproporcionais com sua capacidade atual, cujos produtos não serão consumidos no território e cujas reservas serão comprometidas nesse esforço. Nosso raciocínio é o que os investimentos dos estados socialistas em seu próprio território pesam diretamente sobre o orçamento estatal e não se recuperam senão através da utilização dos produtos no processo completo de sua elaboração, até chegar aos últimos extremos da manufatura. Nossa proposta é que se pense na possibilidade de realizar investimentos desse tipo nos países subdesenvolvidos.

Dessa maneira se poderia colocar em movimento uma força humana imensa, subjacente em nossos continentes que foram miseravelmente explorados mas nunca ajudados em seu desenvolvimento, e começar uma nova etapa de autêntica divisão internacional do trabalho baseada não na história do que até hoje foi feito, mas na história futura do que se pode fazer.

Os estados em cujos territórios se colocassem os novos investimentos teriam todos os direitos inerentes a uma propriedade soberana sobre os mesmos sem que mediasse nenhum pagamento ou crédito, ficando obrigados os possuidores a abastecer determinadas quantidades de produtos aos países investidores, durante determinado número de anos e a um preço determinado.

É digna de estudo também a forma de financiar a parte local dos gastos em que deve incorrer um país que realize investimentos desse tipo. Uma forma de ajuda, que não signifique gastos em divisas livremente conversíveis, poderia ser o abastecimento de produtos de renda fácil aos governos dos países subdesenvolvidos, mediante créditos a longo prazo.

Outro dos difíceis problemas a resolver é o da conquista da técnica. É muito conhecido por todos a carência de técnicos que sofrem os países em desenvolvimento. Faltam instituições e quadros de ensino. Faltam às vezes a real consciência de nossas necessidades e a decisão de levar a cabo uma política de desenvolvimento técnico, cultural e ideológico à qual se dê prioridade.

Os países socialistas devem fornecer ajuda para formar os organismos de educação técnica, insistir na importância capital deste fato e fornecer os quadros que supram a carência atual. É preciso insistir mais nesse último ponto: os técnicos que vêm a nossos países devem ser exemplares. São companheiros que deverão enfrentar um meio desconhecido, muitas vezes hostil à técnica, que fala uma língua diferente e tem hábitos totalmente diferentes. Os técnicos que enfrentam a difícil tarefa devem ser, antes de tudo, comunistas, no sentido mais profundo e nobre da palavra: com apenas essa qualidade, mais um mínimo de organização e flexibilidade, se farão maravilhas.

Sabemos que se pode conseguir isso porque os países irmãos nos enviaram um certo número de técnicos que fizeram mais pelo desenvolvimento de nosso país do que dez institutos e contribuíram para nossa amizade mais que dez embaixadores ou cem recepções diplomáticas.

Se se pudesse chegar a uma efetiva realização dos pontos que anotamos e, além disso, se fosse colocada ao alcance dos países subdesenvolvidos toda a tecnologia dos países adiantados, sem utilizar os métodos atuais de patentes que abarcam descobertas de uns ou outros, teríamos progredido muito em nossa tarefa comum.

O imperialismo foi derrotado em muitas batalhas parciais. Mas é uma força considerável no mundo e não se pode aspirar à sua derrota definitiva senão com o esforço e o sacrifício de todos.

No entanto, o conjunto de medidas propostas não pode se realizar unilateralmente. O desenvolvimento dos subdesenvolvidos deve custar caro aos países socialistas; de acordo. Mas também devem colocar-se em tensão as forças dos países subdesenvolvidos e tomar firmemente o caminho da construção de uma sociedade nova – dê-se o nome que se queira – onde a máquina, instrumento de trabalho, não seja instrumento de exploração do homem pelo homem. Tampouco se pode pretender ter a confiança dos países socialistas, quando se joga a carta do equilíbrio entre capitalismo e socialismo, tratando-se de utilizar ambas forças como elementos contrapostos, para tirar dessa competição determinadas vantagens. Uma nova política de absoluta seriedade deve reger as relações entre os dois grupos de sociedades. É conveniente sublinhar, uma vez mais, que os meios de produção devem estar preferencialmente em mãos do Estado, para que desapareçam gradualmente os sinais da exploração.

Por outro lado, não se pode abandonar o desenvolvimento à improvisação mais absoluta; é preciso planificar a construção da nova sociedade. A planificação é uma das leis do socialismo e sem ela não existiria aquele. Sem uma planificação correta, não pode existir uma garantia suficiente de que todos os setores econômicos de qualquer país se liguem harmoniosamente para dar os saltos para frente que requer esta época que estamos vivendo. A planificação não é um problema isolado de cada um de nossos países pequenos, distorcidos em seu desenvolvimento, possuidores de algumas matérias-primas ou produtores de alguns produtos manufaturados ou semimanufaturados, carentes da maioria dos outros. Ela deverá ter, desde o primeiro momento, certa regionalidade para poder articular as economias dos países e chegar assim a uma integração baseada em um autêntico benefício mútuo.

Pensamos que o caminho atual está cheio de perigos; perigos que não são inventados nem previstos para um futuro longínquo por alguma mente superior, mas são o resultado palpável de realidades que nos assolam. A luta contra o colonialismo alcançou suas etapas finais mas, na era atual, o *status* colonial não é senão uma consequência da dominação imperialista. Enquanto o imperialismo existir, por definição, exercerá sua dominação sobre outros países; essa dominação se chama hoje neocolonialismo.

O neocolonialismo se desenvolveu primeiro na América do Sul, em um continente inteiro, e hoje começa a fazer-se notar com intensidade crescente na África e na Ásia. Sua forma de penetração e de desenvolvimento tem características diferentes; uma é a brutal que conhecemos no Congo[26]. A força bruta, sem considerações nem disfarces de nenhum tipo, é sua arma extrema. Há outra mais sutil: a penetração nos países que se libertam politicamente, a ligação com as nascentes burguesias autóctones, o desenvolvimento de uma classe burguesa parasitária e em estreita aliança com os interesses metropolitanos apoiados em um certo bem-estar ou no desenvolvimento transitório do nível de vida dos povos devido ao fato de que, em países muito atrasados, a simples passagem das relações feudais às relações capitalistas significa um avanço grande, independentemente das consequências nefastas que trazem a longo prazo para os trabalhadores.

O neocolonialismo mostrou suas garras no Congo; esse não é um sinal de poder mas de debilidade; teve que recorrer à sua arma extrema, a força como argumento econômico, o que gera reações opostas de grande intensidade. Mas também se exerce em outras séries de países da África e da Ásia em forma muito mais sutil e se está rapidamente criando o que alguns chamaram de sul-americanização desses continentes, isto é, o desenvolvimento de uma burguesia parasitária que não acrescenta nada à riqueza nacional que, inclusive, deposita fora do país, nos bancos capitalistas, seus enormes lucros mal-obtidos e pactua com o estrangeiro para obter mais benefícios, com um desprezo absoluto pelo bem-estar do seu povo.

Há outros perigos também, como o da concorrência entre países irmãos, amigos politicamente e, às vezes, vizinhos, que estão tratando de desenvolver os mesmos investimentos ao mesmo tempo e para mercados que muitas vezes não o admitem.

Esta concorrência tem o defeito de gastar energias que poderiam ser utilizadas em função de uma complementação econômica muito mais vasta, além de permitir o jogo dos monopólios imperialistas.

Em certas ocasiões, diante da impossibilidade real de realizar determinado investimento com a ajuda do campo socialista, ela se realiza mediante acordos com os capitalistas. Esses investimentos capitalistas têm não apenas o defeito da forma em que se realizam os empréstimos, mas também outros complementares de muita importância, como o estabelecimento de sociedades mistas com um vizinho perigoso. Como, em geral, os investimentos são paralelos aos de outros estados, isso faz tender às divisões entre países amigos por diferenças econômicas e instaura o perigo da corrupção emanada da presença constante do capitalismo, hábil na apresentação de imagens de desenvolvimento e bem-estar que obscurecem a compreensão de muita gente.

Tempos depois, a queda dos preços nos mercados é a consequência de uma saturação de produtos similares. Os países afetados se veem na obrigação de pedir novos empréstimos ou permitir investimentos complementares para a competição. A queda da economia em mãos dos monopólios e um retorno lento mas seguro ao passado *é* a consequência final dessa política. Em nossa opinião, a única forma segura de realizar investimentos com a participação direta do Estado como comprador íntegro dos bens, limitando a ação imperialista aos contratos de abastecimento é não deixá-los entrar além da porta da rua de nossa casa. E aqui sim é lícito aproveitar as contradições interimperialistas para conseguir condições menos onerosas.

É preciso prestar atenção às ajudas econômicas, culturais etc. "desinteressadas", que o imperialismo outorga por si só ou através de estados títeres melhor recebidos em certas partes do mundo.

Se todos os perigos apontados não são vistos a tempo, o caminho neocolonial pode ser inaugurado em países que começaram com fé e entusiasmo sua tarefa de libertação nacional, estabelecendo-se a dominação dos monopólios com sutileza, em uma graduação tal que é muito difícil perceber seus efeitos até que estes se façam sentir brutalmente.

Há toda uma tarefa a realizar, problemas imensos se colocam a nossos dois mundos, o dos países socialistas e este chamado Terceiro Mundo; problemas que estão diretamente relacionados com o homem e seu bem-estar e com a luta contra o principal culpado de nosso atraso.

Diante deles, todos os países e os povos conscientes de seus deveres, dos perigos que implica essa situação, dos sacrifícios que significa o desenvolvimento, devemos tomar medidas concretas para que nossa amizade se ligue em dois planos – o econômico e o político – que nunca podem caminhar separados e formar um grande bloco compacto, que por sua vez ajude a novos países a se libertarem não apenas do poder político, mas também do poder econômico imperialista.

O aspecto da libertação pelas armas de um poder político opressor deve ser tratado conforme as regras do internacionalismo proletário; é um absurdo pensar que um diretor de empresa de um país socialista em guerra vá duvidar em enviar os tanques que produz a uma frente em que não haja garantia de pagamento, não menos absurdo deve parecer que se averigue a possibilidade de pagamento de um povo que luta pela libertação ou necessite dessas armas para defender sua liberdade. As armas não podem ser mercadoria em nossos mundos, devem ser entregues sem custo algum e nas quantidades necessárias e possíveis aos povos que as requeiram para disparar contra o inimigo comum. Esse é o espírito com que a URSS e a República Popular da China nos ofereceram sua ajuda militar. Somos socialistas, constituímos uma garantia de utilização dessas armas, mas não somos os únicos, e todos devemos ter o mesmo tratamento.

Ao ignominioso ataque do imperialismo norte-americano contra o Vietnã ou contra o Congo deve-se responder fornecendo a esses países irmãos todos os instrumentos de defesa que necessitem e dando-lhes toda a nossa solidariedade sem condição alguma.

No aspecto econômico, necessitamos vencer o caminho do desenvolvimento com a técnica mais avançada possível. Não podemos começar e continuar a longa escalada da humanidade desde o feudalismo até a era atômica e automática, porque seria um caminho de ingentes sacrifícios e parcialmente inútil. A técnica é preciso ser obtida onde ela esteja; é preciso dar o grande salto técnico para ir diminuindo a diferença que existe hoje entre os países mais desenvolvidos e nós. Esta deve estar nas grandes fábricas e também em uma agricultura convenientemente desenvolvida e sobretudo deve ter seus pilares em uma cultura técnica e ideológica com a suficiente força e base de massas para permitir a nutrição contínua dos institutos e dos recursos de pesquisa que é preciso criar em cada país e dos homens que vão exercendo a técnica atual e que sejam capazes de se adaptar às novas técnicas adquiridas.

Esses quadros devem ter uma clara consciência de seu dever com a sociedade em que vivem; não poderá haver uma cultura técnica adequada se não for complementada com uma cultura ideológica. E, na maioria de nossos países, não poderá haver uma base suficiente de desenvolvimento industrial, que é o que determina o desenvolvimento da sociedade moderna, bens de consumo mais imprescindíveis e uma educação adequada.

É preciso gastar uma boa parte da renda nacional nos investimentos chamados improdutivos da educação e é preciso dar uma atenção preferencial ao desenvolvimento da produtividade agrícola. Esta alcançou níveis realmente incríveis em muitos países capitalistas, provocando o contrassenso de crises de superprodução ou de invasão de grãos e outros produtos alimentícios ou de matérias-primas industriais provenientes de países desenvolvidos, quando há todo um mundo que padece fome e tem terra e homens suficientes para produzir várias vezes o que o mundo inteiro necessita para se nutrir.

A agricultura deve ser considerada como um pilar fundamental no desenvolvimento e, para isso, as mudanças da estrutura agrícola e a adaptação às novas possibilidades da técnica e às novas obrigações da eliminação da exploração do homem devem constituir aspectos fundamentais do trabalho.

Antes de tomar determinações custosas que possam ocasionar danos irreparáveis, é preciso fazer uma prospecção cuidadosa do território nacional, constituindo este aspecto um dos passos preliminares da pesquisa econômica e exigência elementar em uma correta planificação.

Apoiamos calorosamente a proposta da Argélia no sentido de institucionalizar nossas relações. Queremos somente apresentar algumas considerações complementares:

Primeiro, para que a união seja instrumento da luta contra o imperialismo é preciso o concurso dos povos latino-americanos e a aliança dos países socialistas.

Segundo, deve-se cuidar do caráter revolucionário da união, impedindo o acesso a ela de governos ou movimentos que não estejam identificados com as aspirações gerais dos povos e criando mecanismos que permitam a separação daquilo que se afasta do caminho justo, seja ele governo ou movimento popular.

Terceiro, deve-se propugnar pelo estabelecimento de novas relações em pé de igualdade entre nossos países e os países capitalistas, estabelecendo uma jurisprudência revolucionária que nos ampare em caso de conflito e dê novo conteúdo às relações entre nós e o resto do mundo.

Falamos uma linguagem revolucionária e lutamos honestamente pelo triunfo dessa causa, mas muitas vezes nos enrolamos nós mesmos nas malhas de um direito internacional criado como resultado das defrontações das potências imperialistas e não pela luta dos povos livres, dos povos justos.

Nossos povos, por exemplo, sofrem a pressão angustiante de bases estrangeiras colocadas em seu território ou devem levar o pesado fardo de dívidas externas de incrível magnitude. A história dessas tarefas é bem conhecida de todos: governos debilitados por uma longa luta de libertação ou pelo desenvolvimento das leis capitalistas do mercado permitiram a assinatura de acordos que ameaçam nossa estabilidade interna e comprometem nosso porvir.

É hora de sacudirmos o jugo, de impor a renegociação das dívidas externas opressivas e obrigar os imperialistas a abandonar suas bases de agressão.

Não gostaria de terminar estas palavras, esta repetição de conceitos conhecidos por todos vocês, sem lembrar a este seminário que Cuba não é uma voz isolada no continente americano; simplesmente, é o que tem a oportunidade de falar hoje diante de vocês. Outros povos estão derramando seu sangue para conseguir o direito que temos. E daqui, de todas as conferências e lugares onde estes encontros aconteçam simultaneamente com a saudação aos povos heroicos do Vietnã, do Laos, da Guiné chamada Portuguesa, da África do Sul ou da Palestina, a todos queremos estender nossa voz amiga, nossa mão e nosso incentivo, aos povos irmãos da Venezuela, da Guatemala e da Colômbia[27], que hoje, com as mãos armadas, estão dizendo definitivamente NÃO ao inimigo imperialista.

E há poucos cenários para afirmá-los, tão simbólicos como Argel, uma das mais heroicas capitais da liberdade. Que o magnífico povo argelino, treinado como poucos nos sofrimentos da independência, sob a decidida direção de seu Partido, com nosso querido companheiro Ahmed Ben Bella à cabeça, nos sirva de inspiração nesta luta sem quartel contra o imperialismo mundial.

2
Mensagem aos povos do mundo através da Tricontinental[28]

Criar dois, três... muitos Vietnãs, é o lema.
É a hora dos fornos e só se há de ver a luz.
José Martí

Já se completaram vinte e um anos desde o final da última conflagração mundial e diversas publicações, em uma infinidade de línguas, celebram o acontecimento simbolizado na derrota do Japão. Há um clima de aparente otimismo em muitos setores dos diferentes campos em que o mundo se divide.

Vinte e um anos sem guerra mundial, nestes tempos de confrontações máximas, de choques violentos e mudanças repentinas, parece uma cifra muito alta. Mas, sem analisar os resultados práticos dessa paz pela qual todos nos manifestamos dispostos a lutar (a miséria, a degradação, a exploração cada vez maior de enormes setores do mundo) cabe se perguntar se ela é real.

Não é a intenção destas notas historiar os diversos conflitos de caráter local que se sucederam desde a rendição do Japão, nem é tampouco nossa tarefa fazer o retrospecto, numeroso e crescente, de lutas civis ocorridas durante estes anos de suposta paz. Basta-nos pôr como exemplos contra o desmedido otimismo as guerras da Coreia e do Vietnã.

Na primeira, depois de anos de luta feroz, a parte norte do país ficou entregue à mais terrível devastação que se conhece nos anais da guerra moderna; estraçalhada por bombas; sem fábricas, escolas ou hospitais; sem nenhum tipo de lugar para abrigar dez milhões de habitantes.

Nessa guerra intervieram, sob a enganosa bandeira das Nações Unidas, dezenas de países dirigidos militarmente pelos Estados Unidos, com a participação maciça de soldados dessa nacionalidade e o uso, como bucha de canhão, da população sul-coreana mobilizada militarmente.

Do outro lado, o exército e o povo da Coreia e os voluntários da República Popular da China contaram com o abastecimento e a assessoria do aparelho militar soviético. Da parte dos norte-americanos fizeram-se todos os tipos de provas de armas de destruição, excluindo as termonucleares, mas incluindo as bacteriológicas e químicas, em escala limitada. No Vietnã sucederam-se ações bélicas, sustentadas pelas forças patrióticas desse país quase ininterruptamente contra três potências imperialistas: o Japão, cujo poder havia sofrido uma queda vertical a partir das bombas de Hiroshima e Nagasaki; a França, que recuperou daquele país vencido suas colônias indochinesas e ignorou as promessas feitas em momentos difíceis; e os Estados Unidos, nessa última fase da contenda.

Houve confrontações limitadas em todos os continentes, mesmo quando no americano, durante muito tempo, só surgiram tentativas de lutas de libertação e golpes militares, até que a Revolução Cubana tocasse o clarim de alerta sobre a importância dessa região e atraísse as iras imperialistas, obrigando-a à defesa de suas costas em Praia Girón, primeiro, e durante a crise de outubro, depois[29].

Este último incidente poderia ter provocado uma guerra de incalculáveis proporções, ao produzir-se, em torno de Cuba, o choque de norte-americanos e soviéticos.

Mas, evidentemente, o foco das contradições, nesse momento, está nos territórios da Península da Indochina e nos países vizinhos. O Laos e o Vietnã são sacudidos por guerras civis, que deixam de ser civis ao se fazer presente, com todo seu poderio, o imperialismo norte-americano, e toda a zona se converte em um perigoso estopim pronto a explodir.

No Vietnã a confrontação adquiriu características de extrema gravidade. Não é nossa intenção fazer o histórico dessa guerra. Simplesmente assinalaremos alguns fatos relevantes para recordação.

Em 1954, depois da derrota aniquilante de Dien-Bien-Phu, foram assinados os acordos de Genebra, que dividiam o país em duas zonas e estipulavam a realização de eleições em um prazo de 18 meses para determinar quem devia governar o Vietnã e como seria reunificado o país. Os norte-americanos não assinaram aquele documento, começando as manobras para substituir o Imperador Bao Dai, títere francês, por um homem adequado às suas intenções. Este terminou sendo Ngo-Din-Diem, cujo trágico fim – o da laranja espremida pelo imperialismo – é conhecido de todos.

Nos meses posteriores à assinatura do acordo, reinou o otimismo no campo das forças populares. Desmantelaram-se os redutos de luta antifrancesa no sul do país e se esperou o cumprimento do que havia sido acordado. Mas logo os patriotas compreenderam que não haveria eleições, a menos que os Estados Unidos se sentissem capazes de impor sua vontade nas urnas, coisa que não podia ocorrer, mesmo utilizando todos os métodos conhecidos por eles.

Novamente iniciaram-se as lutas no sul do país e foram adquirindo maior intensidade até chegar ao momento atual, em que o exército norte-americano se compõe de quase meio milhão de invasores, enquanto as forças títeres diminuem seu número e, sobretudo, perderam totalmente a combatividade.

Há cerca de dois anos os norte-americanos começaram o bombardeio sistemático da República Democrática do Vietnã em uma tentativa a mais para frear a combatividade do Sul e obrigar a uma conferência a partir de posições de força. No começo, os bombardeios foram mais ou menos isolados e se revestiam da máscara de represálias por supostas provocações do Norte. Depois, aumentaram em intensidade e método, até se converterem em uma gigantesca varrida levada a cabo por unidades aéreas dos Estados Unidos, dia a dia, com o propósito de destruir todo vestígio de civilização na zona norte do país. É um episódio da tristemente célebre escalada.

As aspirações materiais do mundo ianque cumpriram-se em boa parte, apesar da denodada defesa das unidades antiaéreas vietnamitas, dos mais de 1.700 aviões derrubados e da ajuda do campo socialista em material de guerra.

Há uma penosa realidade: o Vietnã, essa nação que representa as aspirações, as esperanças de vitória de todo um mundo preterido, está tragicamente só. Esse povo deve suportar os embates da técnica norte-americana, quase impunemente no Sul, com algumas possibilidades de defesa no Norte, mas sempre só. A solidariedade do mundo progressista com o povo do Vietnã se assemelha à amarga ironia que significava para os gladiadores do circo romano o estímulo da plebe. Não se trata de desejar êxito ao agredido, mas que ele venha a enfrentar sua própria sorte, a morte ou a vitória.

Quando analisamos a solidão vietnamita, assalta-nos a angústia desse momento ilógico da humanidade. O imperialismo norte-americano é culpado de agressão; seus crimes são imensos e estão presentes em todo o mundo. Já sabemos disso, senhores! Mas também são culpados os que no momento de definição vacilaram em fazer do Vietnã parte inviolável do território socialista, correndo, sim, os riscos de uma guerra de alcance mundial, mas também obrigando a uma decisão aos imperialistas norte-americanos. E são culpados os que mantêm uma guerra de injúrias e enganos começada já há muito tempo pelos representantes das duas maiores potências do campo socialista.

Perguntemos, para obter uma resposta honrada: Está ou não está isolado o Vietnã, fazendo equilíbrios perigosos entre as duas potências em luta?

E que grandeza a desse povo! Que estoicismo e que valor desse povo! E que lição para o mundo significa essa luta!

Por muito tempo ainda não saberemos se o Presidente Johnson[30] pensava a sério em iniciar algumas das reformas necessárias a um povo – para eliminar arestas das contradições de classe que surgem com força explosiva e cada vez mais frequentemente. O certo é que as melhoras anunciadas sob o pomposo título de luta pela grande sociedade sumiram no abismo do Vietnã.

A maior das potências imperialistas sente em suas entranhas o sangramento provocado por um país pobre e atrasado e sua fabulosa economia se ressente do esforço da guerra. Matar deixa de ser o mais cômodo negócio dos monopólios. Armas de contenção, e não em número suficiente, é tudo o que têm estes soldados maravilhosos, além do amor à sua pátria, à sua sociedade e um valor a toda prova. Mas o imperialismo se atola no Vietnã, não encontra um caminho de saída e busca desesperadamente algum que lhe permita sair com dignidade desse perigoso transe em que se encontra. Mas os "quatro pontos" e os "cinco" do Sul o cercam, fazendo mais decidida a confrontação.

Tudo parece indicar que a paz, essa paz precária que recebeu esse nome só porque não houve nenhuma conflagração de caráter mundial, está outra vez em perigo de ser rompida ante qualquer passo irreversível e inaceitável, dado pelos norte-americanos. E a nós, explorados do mundo, que papel nos corresponde? Os povos de três continentes observam e aprendem sua lição no Vietnã. Já que, com a ameaça de guerra, os imperialistas exercem sua chantagem sobre a humanidade, não temer a guerra é a resposta justa. Atacar dura e ininterruptamente em cada ponto de confrontação deve ser a tática geral dos povos.

Mas, nos lugares em que esta mísera paz que sofremos não foi rompida, qual será nossa tarefa? Libertar-nos a qualquer preço.

O panorama do mundo mostra uma grande complexidade. Ainda aguardam a libertação países da velha Europa, suficientemente desenvolvidos para sentir todas as contradições do capitalismo, mas tão débeis que já não podem seguir o rumo do imperialismo ou iniciar essa rota. Ali as contradições alcançarão nos próximos anos caráter explosivo, mas seus problemas e a solução deles são diferentes entre os nossos povos dependentes e atrasados economicamente.

O campo fundamental da exploração do imperialismo abarca os três continentes atrasados: América, Ásia e África. Cada país tem características próprias, mas os continentes, no seu conjunto, também as apresentam.

A América constitui um conjunto mais ou menos homogêneo e na quase totalidade de seu território os capitais monopolistas norte-americanos mantêm uma primazia absoluta. Os governos títeres ou, no melhor dos casos, débeis e medrosos, não podem opor-se às ordens do amo ianque. Os norte-americanos chegaram quase ao máximo de sua dominação política e econômica, já pouco podem avançar; qualquer mudança da situação poderia se converter em um retrocesso na sua primazia. Sua política é a de manter o que foi conquistado. A linha de ação se reduz, no momento atual, ao uso brutal da força para impedir movimentos de libertação, de qualquer tipo que sejam.

Sob o *slogan*: "Não permitiremos outra Cuba", encobre-se a possibilidade de agressões impunes, como aquela perpetrada contra Santo Domingo[31] ou, anteriormente, o massacre do Panamá[32], e a clara advertência de que as tropas ianques estão dispostas a intervir em qualquer lugar da América onde a ordem estabelecida seja alterada, pondo em perigo seus interesses. Essa política conta com uma impunidade quase absoluta: a OEA[33] e uma cômoda máscara desprestigiada; a ONU é de uma ineficiência que beira o ridículo ou o trágico; os exércitos de todos os países da América estão prontos a intervir a fim de massacrar seus povos. Formou-se, de fato, a internacional do crime e da traição.

Por outro lado, as burguesias autóctones perderam toda sua capacidade de oposição ao imperialismo – se alguma vez a tiveram – e só vão a reboque dele.

Não há mais mudanças a fazer ou revolução socialista ou caricatura de revolução.

A Ásia é um continente de características diferentes. As lutas de libertação contra uma série de poderes coloniais europeus deram como resultado o estabelecimento de governos mais ou menos progressistas, cuja evolução posterior foi, em alguns casos, de aprofundamento dos objetivos iniciais de libertação nacional e em outros de reversão para posições pró-imperialistas.

Do ponto de vista econômico, os Estados Unidos tinham pouco a perder e muito a ganhar na Ásia. As mudanças o favorecem; luta-se para deslocar outros poderes neocoloniais, penetrar em novas esferas de ação no campo econômico, às vezes diretamente, outras utilizando o Japão.

Mas existem condições políticas especiais, sobretudo na Península da Indochina que dão características de capital importância à Ásia e desempenham um papel importante na estratégia militar global do imperialismo norte-americano. Este exerce um cerco à China através da Coreia do Sul, do Japão, de Taiwan, do Vietnã do Sul e da Tailândia, pelo menos.

Essa dupla situação, um interesse estratégico tão importante como o cerco militar à República Popular da China e a ambição de seus capitais por penetrar nesses grandes mercados que ainda não dominam, faz com que a Ásia seja um dos lugares mais explosivos do mundo atual, apesar da aparente estabilidade fora da área vietnamita.

Pertencendo geograficamente a este continente, mas com suas próprias contradições, o Oriente Médio está em plena ebulição, sem que se possa prever até onde chegará essa guerra fria entre Israel, apoiada pelos imperialistas, e os países progressistas da zona. É outro dos vulcões ameaçadores do mundo.

A África oferece as características de ser um campo quase virgem para a invasão neocolonial. Houve mudanças que, até certo ponto, obrigaram as potências neocoloniais a abdicar de suas antigas prerrogativas de caráter absoluto. Mas, quando os processos se levam a cabo ininterruptamente, o colonialismo é sucedido, sem violência, por um neocolonialismo de efeitos iguais no que se refere à dominação econômica. Os Estados Unidos não tinham colônias nessa região e agora lutam para penetrar nos antigos territórios fechados de seus sócios. Pode-se assegurar que a África constitui, nos planos estratégicos do imperialismo norte-americano, seu reservatório de longo prazo; seus investimentos atuais somente têm importância na União Sul-Africana e começa sua penetração no Congo, na Nigéria e em outros países, onde se inicia uma violenta competição (com caráter pacífico até aqui) com outros poderes imperialistas.

O imperialismo norte-americano não tem ainda grandes interesses a defender, salvo seu pretenso direito a intervir em cada lugar do globo em que seus monopólios farejem bons lucros ou a existência de grandes reservas de matérias-primas. Todos esses antecedentes tornam lícita a colocação que interroga sobre as possibilidades de libertação dos povos a curto ou a médio prazo.

Se analisarmos a África, veremos que se luta com alguma intensidade nas colônias portuguesas da Guiné, de Moçambique e Angola, com particular sucesso na primeira e com sucesso variável nas duas restantes. Que ainda se assiste a uma luta entre os sucessores de Lumumba[34] e os velhos cúmplices de Tshombe no Congo, luta que, no momento atual, parece inclinar-se a favor dos últimos, que "pacificaram" em seu próprio proveito uma grande parte do país, ainda que a guerra se mantenha latente.

Na Rodésia[35] o problema é diferente: o imperialismo britânico utilizou os mecanismos a seu alcance para entregar o poder à minoria branca que o detém atualmente. O conflito, do ponto de vista da Inglaterra, é absolutamente antioficial, só que esta potência, com sua habitual habilidade diplomática – também chamada de hipocrisia, em linguagem direta – apresenta uma aparência de desgosto diante das medidas tomadas pelo governo de Ian Smith[36], e é apoiada em sua atitude carrancuda por alguns dos países da Commonwealth que a seguem, e atacada por uma boa parte dos países da África Negra, sejam ou não dóceis vassalos econômicos do imperialismo inglês.

Na Rodésia a situação pode tornar-se sumamente explosiva se se cristalizarem os esforços dos patriotas negros para levantar-se em armas e este movimento for apoiado efetivamente pelas nações africanas vizinhas. Mas por ora todos os problemas são ventilados em organismos tão iníquos como a ONU, a Commonwealth ou a OUA.

No entanto, a evolução política e social da África não faz prever uma situação revolucionária continental. As lutas de libertação contra os portugueses devem terminar vitoriosamente, mas Portugal não significa nada no *ranking* imperialista. As confrontações de importância revolucionária são as que colocam em xeque toda a máquina imperialista, ainda que nem por isso deixemos de lutar pela libertação das três colônias portuguesas e pelo aprofundamento de suas revoluções.

Quando as massas negras da África do Sul ou da Rodésia iniciarem sua autêntica luta revolucionária se terá iniciado uma nova época na África. Ou quando as massas empobrecidas de um país se lançarem para resgatar seu direito a uma vida digna das mãos das oligarquias governantes.

Até agora se sucedem os golpes militares em que um grupo de oficiais substitui a outro ou a um governante que já não sirva a seus interesses de casta e aos das potências que os manejam solapadamente, mas não há convulsões populares. No Congo deram-se fugazmente essas características impulsionadas pela recordação de Lumumba, mas foram perdendo força nos últimos meses.

Na Ásia, como vimos, a situação é explosiva, e os pontos de atrito não são apenas o Vietnã e o Laos, onde se luta. Também o é o Cambodja, onde a qualquer momento pode iniciar-se a agressão direta norte-americana. A Tailândia, a Malásia e, claro, a Indonésia, onde não podemos pensar que se tenha dado a última palavra, apesar do aniquilamento do Partido Comunista[37] desse país ao ocuparem o poder os reacionários. E, evidentemente, o Oriente Médio.

Na América Latina se luta com as armas na mão na Guatemala, na Colômbia, na Venezuela e na Bolívia e despontam já os primeiros focos no Brasil. Há outros núcleos de resistência que aparecem e se extinguem. Mas quase todos os países desse continente estão maduros para uma luta de um porte que, para resultar triunfante, não pode se conformar senão com a instauração de um governo de caráter socialista.

Neste continente fala-se praticamente uma só língua, salvo o caso excepcional do Brasil[38], com cujo povo os de fala hispânica podem entender-se, dada a semelhança entre ambos os idiomas. Há uma identidade tão grande, entre as classes desses países, que conseguem uma identificação de tipo "internacional americano", muito mais completa do que em outros continentes. A língua, os costumes, a religião, denominador comum, os unem. O grau e as formas de exploração são semelhantes em seus efeitos para exploradores e explorados de uma boa parte dos países da nossa América. E a rebelião está amadurecendo aceleradamente nela.

Podemos perguntar-nos: Esta rebelião, como frutificará? De que tipo será? Afirmamos há tempo, que dadas suas características similares, a luta na América adquirirá, no seu momento, dimensões continentais. Será cenário de muitas grandes batalhas desenvolvidas pela humanidade para sua libertação.

No âmbito dessa luta de alcance continental, as que atualmente se desenvolvem de forma ativa são apenas episódios, mas já fizeram seus mártires, que figurarão na história americana como pessoas que deram sua quota de sangue necessária nesta última etapa da luta pela liberdade plena do homem. Ali figurarão os nomes do Comandante Turcio Lima, do Padre Camilo Torres, do Comandante Fabrício Ojeda, dos comandantes Lobatón e Luis de la Puente Uceda, figuras de primeiríssima plana nos movimentos revolucionários da Guatemala, da Colômbia, da Venezuela e do Peru[39].

Mas a mobilização ativa do povo cria seus novos dirigentes: César Montes e Yon Sosa levantam a bandeira na Guatemala, Fábio Vázquez e Marulanda fazem o mesmo na Colômbia, Douglas Bravo no ocidente do país e Américo Martín em El Balchiller, dirigem suas respectivas frentes na Venezuela[40].

Novos focos de guerra surgirão neses e em outros países americanos, como já aconteceu na Bolívia, e irão crescendo, com todas as vicissitudes que implica este perigoso ofício de revolucionário moderno. Muitos morrerão vítimas de seus erros, outros cairão no duro combate que se avizinha; novos lutadores e novos dirigentes surgirão ao calor da luta revolucionária. O povo irá formando seus combatentes e seus condutores no âmbito seletivo da própria guerra e os agentes ianques da repressão aumentarão. Hoje há assessores ianques em todos os países onde a luta armada se mantém. O exército peruano realizou, ao que parece, uma batida bem-sucedida contra os revolucionários desse país, também assessorado e treinado pelos ianques. Mas se os focos de guerra são levados com suficiente habilidade política e militar, se tornarão praticamente imbatíveis e exigirão novos envios dos ianques. No próprio Peru, com tenacidade e firmeza, novas figuras, ainda não completamente conhecidas, reorganizam a luta guerrilheira. Pouco a pouco, as armas obsoletas, que bastam para a repressão de pequenos grupos armados, irão se convertendo em armas modernas, e os grupos de assessores norte-americanos em combatentes pela causa revolucionária, até que, em momento dado, se vejam os americanos obrigados a enviar quantidades crescentes de tropas regulares para assegurar a relativa estabilidade de um poder cujo exército nacional títere se desintegra ante os combates das guerrilhas. É o caminho do Vietnã; é o caminho que devem seguir os povos; é o caminho que seguirá a América, com a característica especial de que os grupos em armas podem formar algo assim como Juntas de Coordenação para tornar mais difícil a tarefa repressiva do imperialismo ianque e facilitar a causa própria.

A América, continente esquecido pelas últimas lutas políticas de libertação, que começa a fazer-se sentir através da Tricontinental na voz da vanguarda de seus povos, que é a Revolução Cubana, terá uma tarefa de muito maior relevo: a da criação do segundo ou do terceiro Vietnã do mundo.

Realmente é preciso levar em conta que o imperialismo é um sistema mundial, última etapa do capitalismo, e que é preciso derrotá-lo em uma grande confrontação mundial. A finalidade estratégica dessa luta deve ser a destruição do imperialismo. A participação que nos cabe, a nós explorados e atrasados do mundo, é a de eliminar as bases de sustentação do imperialismo: nossos povos oprimidos, de onde se extraem capitais, matérias-primas, técnicos e operários baratos e para onde se exportam novos capitais – instrumentos de dominação – armas e todo tipo de artigos, afogando-nos em uma dependência absoluta. O elemento fundamental dessa finalidade estratégica será, então, a libertação real dos povos; libertação que se realizará através da luta armada, na maioria dos casos, e que terá, na América, quase que indefectivelmente, a propriedade de se converter em uma revolução socialista.

Ao enfocar a destruição do imperialismo é preciso identificar à sua cabeça o que não é outra senão os Estados Unidos.

Devemos realizar uma tarefa de tipo geral que tenha como finalidade tática tirar ao inimigo de seu ambiente, obrigando-o a lutar em lugares onde seus hábitos de vida se choquem com a realidade imperante. Não se deve subestimar o adversário; o soldado norte-americano tem capacidade técnica e está apoiado em recursos de tal magnitude que o tornam temível. Falta-lhe essencialmente a motivação ideológica que tem em grau máximo seus mais intransigentes rivais de hoje: os soldados vietnamitas. Somente poderemos triunfar sobre esse exército na medida em que conseguirmos minar seu moral. E este se mina infligindo-lhe derrotas e ocasionando-lhe sofrimentos reiterados.

Cada gota de sangue derramada em um território sob cuja bandeira não se nasceu é experiência que aprende quem sobrevive para aplicá-la em seguida na luta pela libertação de seu lugar de origem. E cada povo que se liberte é uma fase da batalha pela libertação do próprio povo que se ganhou.

É hora de harmonizar nossas discrepâncias e colocar tudo a serviço da luta.

Todos conhecemos e não podemos esconder as grandes controvérsias que agitam o mundo que luta pela liberdade. Que elas adquiriram um caráter e uma agudeza tais que parece sumamente difícil, senão impossível, o diálogo e a conciliação, também o sabemos. Buscar métodos para iniciar um diálogo que os contendentes recusam é uma tarefa inútil. Mas o inimigo está aí, golpeia todos os dias e ameaça com novos golpes, e esses golpes nos unirão hoje, amanhã ou depois de amanhã. Os que captarem isso antes e se prepararem para essa união necessária terão o reconhecimento dos povos.

Dadas as virulências e intransigências com que se defende cada causa, nós os despossuídos não podemos tomar partido por uma ou outra forma de manifestar as discrepâncias, ainda que concordemos às vezes com algumas colocações de um ou outro lado, ou em maior medida com as de uma parte do que com as de outra. No momento da luta, a forma em que se fazem visíveis as atuais diferenças constituem uma debilidade; mas no estado em que se encontram, querer resolvê-las mediante palavras é uma ilusão. A história irá apagando-as ou dando-lhes sua verdadeira explicação.

No nosso mundo em luta, tudo o que seja discrepância em torno da tática, do método de ação para a realização de objetivos limitados, deve ser analisado com o respeito que merecem as apreciações alheias. Quanto ao grande objetivo estratégico, a destruição total do imperialismo por meio da luta, devemos ser intransigentes.

Sintetizemos assim nossas aspirações de vitória: destruição do imperialismo mediante a eliminação de seu baluarte mais forte: o domínio imperialista dos Estados Unidos da América do Norte. Tomar como função tática a libertação gradual dos povos, um a um ou por grupos, levando o inimigo a uma luta difícil fora de seu terreno; liquidando suas bases de sustentação, que são seus territórios dependentes.

Isso significa uma guerra longa. E, repetimos uma vez mais, uma guerra cruel. Que ninguém se engane quando vá começá-la e que ninguém vacile em iniciá-la por temor aos resultados que possa trazer para seu povo. É quase a única esperança de vitória.

Não podemos fugir ao chamado da hora. O Vietnã nos ensina, com sua permanente lição de heroísmo, sua trágica e cotidiana lição de luta e de morte para conseguir a vitória final.

Ali os soldados do imperialismo encontram o desconforto de quem, acostumado ao patamar de vida que ostenta a nação norte-americana, tem que enfrentar com a terra hostil; a insegurança de quem não se pode mover sem sentir que pisa território inimigo; a morte aos que avançam mais além de seus redutos fortificados; a hostilidade permanente de toda a população. Tudo isso vai provocando uma repercussão interior nos Estados Unidos; vai fazendo surgir um fator atenuado pelo imperialismo em pleno vigor, a luta de classes dentro de seu próprio território.

Como poderíamos olhar o futuro luminoso e próximo, se dois, três, muitos Vietnãs florescessem na superfície do globo, com sua quota de morte e suas tragédias imensas, com seu heroísmo cotidiano, com seus golpes repetidos no imperialismo, com a obrigação que implica para este de dispersar suas forças, sob o embate do ódio crescente dos povos do mundo!

E se todos fôssemos capazes de nos unir, para que nossos golpes fossem mais sólidos e certeiros, para que a ajuda de todo tipo aos povos em luta fosse ainda mais efetiva, quão grande seria o futuro e quão próximo!

Se a nós, que em um pequeno ponto do mapa do mundo cumprimos o dever que preconizamos e colocamos à disposição da luta, este pouco que nos é permitido dar: nossas vidas, nosso sacrifício, nos toca algum dia destes lançar o último suspiro sobre uma terra qualquer, já nossa, regada com nosso sangue, que se saiba que medimos o alcance de nossos atos e não nos consideramos nada mais do que elementos no grande exército do proletariado, mas nos sentimos orgulhosos de ter aprendido da Revolução Cubana e de seu grande dirigente máximo a grande lição que emana de sua atitude nessa parte do mundo: "Que importam os perigos ou os sacrifícios de um homem ou de um povo, quando está em jogo o destino da humanidade?"

Toda nossa ação é um grito de guerra contra o imperialismo e um clamor pela unidade dos povos contra o grande inimigo do gênero humano: os Estados Unidos da América do Norte. Em qualquer lugar que nos surpreenda a morte, bem-vinda seja, sempre que esse nosso grito de guerra tenha chegado até um ouvido receptivo e outra mão se estenda para empunhar nossas armas e outros homens se aprestem a entoar os cantos fúnebres com o troar de metralhadoras e novos gritos de guerra e de vitória.

Notas do autor

[1] *Marcha*. Montevidéu, 12/03/1965.

[2] Carta dirigida a Carlos Quijano, diretor do semanário *Marcha*, de Montevidéu.

[3] Crise de outubro: cerco militar dos Estados Unidos a Cuba, em 1962, alegando a presença de mísseis soviéticos de longo alcance na Ilha. A crise chegou a um fim com a retirada dos mísseis e com o compromisso norte-americano de não invasão de Cuba.

[4] Flora: furacão que devastou a parte oriental de Cuba em 1960.

[5] Urrutia: primeiro presidente de Cuba depois da tomada do poder pelos revolucionários, representando setores burgueses, que logo desertaram.

[6] Playa Girón: lugar de desembarque, na tentativa de invasão, dos mercenários norte-americanos e contrarrevolucionários cubanos, derrotados em 72 horas, em 1961.

[7] "Bandas de bandidos": grupos contrarrevolucionários que atuaram na cordilheira central de Cuba, chegando a somar dez mil homens procedentes do exterior que desembarcaram em Cuba e foram derrotados em 1965.

[8] Episódio conhecido como "microfacção", em que membros do antigo Partido Popular (comunista) tentaram controlar a organização resultante da fusão do Movimento 26 de Julho, do PSP e do Diretório Revolucionário, ocupando de forma arbitrária e antidemocrática postos de direção.

[9] Sierra Maestra: cordilheira mais alta de Cuba, situada na região oriental do país, onde se concentraram os grupos guerrilheiros durante grande parte da luta insurrecional (1956-1959).

[10] *Nuestra Industria* – Revista económica, n. 5, fev./1964, p. 16.

[11] Charles Bettelheim: economista francês, de orientação maoista, autor, entre outros, de *Cálculo econômico e formas de propriedade* e *As lutas de classes na União Soviética*.

[12] LENIN, V.I. *Problemas da construção do socialismo e do comunismo na URSS*. Moscou: Língua Estrangeira, p. 51-52.

[13] *Nuestra Industria* – Revista económica, n. 5, fev./1964.

[14] MARX, K. *Manuscriptos económico-filosóficos de 1844*. México: Grijalbo, 1962; "Escriptos económicos vários", p. 82-83.

[15] MARX, K. *Crítica do Programa de Gotha*.

[16] LENIN, V.I. *Sobre o lema dos Estados Unidos da Europa*.

[17] STALIN, J. *Sobre os fundamentos do leninismo*.

[18] NEP: Nova Política Econômica. Política implementada pelos bolcheviques, logo no início da revolução, tentando reativar a economia mediante abertura para relações mercantis, especialmente no comércio e na pequena produção agrícola.

[19] LENIN, V.I. Problemas da construção do socialismo e do comunismo na URSS. Moscou: Língua Estrangeira.

[20] Cf. IVONIN, I. "Los combinados de empresas soviéticas". In: *Nuestra Industria* – Revista económica, n. 4.

[21] LENIN, V.I. *Problemas da construção do socialismo e do comunismo na URSS*. Op. cit., p. 51-52.

[22] MARX, K. *Crítica do Programa de Gotha*.

[23] TABAIEV, F. "Pesquisa econômica e direção de economia". In: *Revista Internacional de Economia*, n. 11, 1963.

[24] MARX, K. *O capital*, tomo I.

[25] *Jornal Revolución*, 25/02/1965.

[26] Congo: ex-colônia belga, onde se desenvolveu intensa luta no momento da declaração da independência entre as forças conservadoras lideradas por Moisés Tshombe e as revolucionárias, dirigidas por Patrice Lumumba, que finalmente foi assassinado.

[27] Venezuela, Guatemala e Colômbia: países de maior intensidade de ação guerrilheira na primeira metade

da década de 1960. Cf. referência em "Mensagem aos povos do mundo através da Tricontinental", último capítulo deste volume.

[28] França: a dominação francesa sobre a Indochina substitui a japonesa, sendo derrotada pelos vietnamitas na Batalha de Dien-Bien-Phu, em 1953, quando começam a ser substituídos pelos Estados Unidos.

[29] Playa Girón. Cf. nota 6.

[30] Johnson: presidente norte-americano, vice de John Kennedy, que o substituiu depois do seu assassinato e comandou a escalada norte-americana no Vietnã nos anos de 1965-1966.

[31] Santo Domingo: refere-se à invasão da República Dominicana por tropas norte-americanas, brasileiras e paraguaias, com uniformes da OEA, em 1965, para interromper o processo democrático daquele país, derrubando o governo eleito de Juan Bisch e impondo um regime militar tutelado internacionalmente.

[32] Panamá: manifestação estudantil de 1960 contra a ocupação norte-americana do Canal de Panamá, que terminou em massacre.

[33] OEA: referência ao papel de cobertura dada pela Organização dos Estados Americanos às sucessivas intervenções norte-americanas na América Latina e no Caribe, das quais a mais evidente, naquele momento, era a feita na República Dominicana. Cf. nota 27.

[34] Lumumba, Tshombe: protagonistas da luta pela direção que assumiria o processo de desconolonização, o primeiro radical, o segundo conservador, apoiado pelas antigas potências coloniais. Lumumba foi assassinado, triunfando Tshombe.

[35] Rodésia: atual Zimbabwe, país independente.

[36] Ian Smith: antigo primeiro-ministro da Rodésia.

[37] Indonésia. Em 1965 foi deposto por um golpe militar apoiado pelos Estados Unidos, derrubando o governo do Presidente Sukarno e provocando o massacre de 500 mil pessoas, parte delas eram membros do Partido Comunista.

[38] Brasil: refere-se às primeiras ações armadas realizadas no Brasil pela ALN e pela VPR.

[39] Turcio Lima etc.: dirigentes guerrilheiros da Guatemala (Turcio Lima, do Exército Guerrilheiro dos Pobres), da Colômbia (Padre Camilo Torres, do Exército de Libertação Nacional), da Venezuela (Fabrício Ojeda, da Frente de Libertação Nacional) e do Peru (Guillermo Lobatón e Luis de la Puente Uceda, do Movimento de Esquerda Revolucionária), todos mortos.

[40] César Montes etc.: dirigentes guerrilheiros que sucedem os comandantes mortos, referidos anteriormente.

Vozes de Bolso

- *Assim falava Zaratustra* – Friedrich Nietzsche
- *O Príncipe* – Nicolau Maquiavel
- *Confissões* – Santo Agostinho
- *Brasil: nunca mais* – Mitra Arquidiocesana de São Paulo
- *A arte da guerra* – Sun Tzu
- *O conceito de angústia* – Søren Aabye Kierkegaard
- *Manifesto do Partido Comunista* – Friedrich Engels e Karl Marx
- *Imitação de Cristo* – Tomás de Kempis
- *O homem à procura de si mesmo* – Rollo May
- *O existencialismo é um humanismo* – Jean-Paul Sartre
- *Além do bem e do mal* – Friedrich Nietzsche
- *O abolicionismo* – Joaquim Nabuco
- *Filoteia* – São Francisco de Sales
- *Jesus Cristo Libertador* – Leonardo Boff
- *A Cidade de Deus – Parte I* – Santo Agostinho
- *A Cidade de Deus – Parte II* – Santo Agostinho
- *O conceito de ironia constantemente referido a Sócrates* – Søren Aabye Kierkegaard
- *Tratado sobre a clemência* – Sêneca
- *O ente e a essência* – Santo Tomás de Aquino
- *Sobre a potencialidade da alma* – De quantitate animae – Santo Agostinho
- *Sobre a vida feliz* – Santo Agostinho
- *Contra os acadêmicos* – Santo Agostinho
- *A Cidade do Sol* – Tommaso Campanella
- *Crepúsculo dos ídolos ou Como se filosofa com o martelo* – Friedrich Nietzsche
- *A essência da filosofia* – Wilhelm Dilthey
- *Elogio da loucura* – Erasmo de Roterdã
- *Utopia* – Thomas Morus
- *Do contrato social* – Jean-Jacques Rousseau
- *Discurso sobre a economia política* – Jean-Jacques Rousseau
- *Vontade de potência* – Friedrich Nietzsche
- *A genealogia da moral* – Friedrich Nietzsche
- *O banquete* – Platão
- *Os pensadores originários* – Anaximandro, Parmênides, Heráclito
- *A arte de ter razão* – Arthur Schopenhauer
- *Discurso sobre o método* – René Descartes
- *Que é isto – A filosofia?* – Martin Heidegger
- *Identidade e diferença* – Martin Heidegger
- *Sobre a mentira* – Santo Agostinho
- *Da arte da guerra* – Nicolau Maquiavel
- *Os direitos do homem* – Thomas Paine
- *Sobre a liberdade* – John Stuart Mill

- *Defensor menor* – Marsílio de Pádua
- *Tratado sobre o regime e o governo da cidade de Florença* – J. Savonarola
- *Primeiros princípios metafísicos da Doutrina do Direito* – Immanuel Kant
- *Carta sobre a tolerância* – John Locke
- *A desobediência civil* – Henry David Thoureau
- *A ideologia alemã* – Karl Marx e Friedrich Engels
- *O conspirador* – Nicolau Maquiavel
- *Discurso de metafísica* – Gottfried Wilhelm Leibniz
- *Segundo tratado sobre o governo civil e outros escritos* – John Locke
- *Miséria da filosofia* – Karl Marx
- *Escritos seletos* – Martinho Lutero
- *Escritos seletos* – João Calvino
- *Que é a literatura?* – Jean-Paul Sartre
- *Dos delitos e das penas* – Cesare Beccaria
- *O anticristo* – Friedrich Nietzsche
- *À paz perpétua* – Immanuel Kant
- *A ética protestante e o espírito do capitalismo* – Max Weber
- *Apologia de Sócrates* – Platão
- *Da república* – Cícero
- *O socialismo humanista* – Che Guevara
- *Da alma* – Aristóteles
- *Heróis e maravilhas* – Jacques Le Goff